ÄGYPTOLOGISCHE ABHANDLUNGEN

HERAUSGEGEBEN VON WOLFGANG HELCK

BAND 46

TEMPEL UND KULT

HERAUSGEGEBEN

VON

WOLFGANG HELCK

1987

Otto Harrassowitz · Wiesbaden

TEMPEL UND KULT

HERAUSGEGEBEN

VON

WOLFGANG HELCK

1987

OTTO HARRASSOWITZ · WIESBADEN

CIP-Kurztitelaufnahme der Deutschen Bibliothek

Tempel und Kult / hrsg. von Wolfgang Helck. –
Wiesbaden: Harrassowitz, 1987.
  (Ägyptologische Abhandlungen; Bd. 46)
  ISBN 3-447-02693-6
NE: Helck, Wolfgang [Hrsg.]; GT

© Otto Harrassowitz, Wiesbaden 1987
Alle Rechte vorbehalten
Photomechanische und photographische Wiedergabe
nur mit ausdrücklicher Genehmigung des Verlages
Satz: Satz-Offizin Hümmer GmbH, 8702 Waldbüttelbrunn
Druck und buchbinderische Verarbeitung:
BOD, Hamburg
Printed in Germany

Otto Harrassowitz GmbH & Co. KG
Kreuzberger Ring 7c-d, D-65205 Wiesbaden,
produktsicherheit.verlag@harrassowitz.de

INHALT

Einleitung VII

Dieter Kurth
Zu den Darstellungen Pepi I. im Hathortempel von Dendera 1

Christine Strauß-Seeber
Zum Statuenprogramm Ramses' II. im Luxortempel 24

Steffen Wenig
Struktur und Konzeption des Löwentempels von Musawwarat es Sufra
und das Problem einer Klassifikation kuschitischer Sakralbauten 43

Erich Winter
Weitere Beobachtungen zur „grammaire du temple" in der
griechisch-römischen Zeit 61

EINLEITUNG

Als 1962 Dieter Arnold seine Dissertation über „Wandrelief und Raumfunktion in ägyptischen Tempeln des Neuen Reiches" veröffentlichte, erzielte er damit zweifellos einen Durchbruch. Zum ersten Mal wurde eine umfassende Kurzbeschreibung ägyptischer Tempelanlagen versucht, deren Merkmale im wesentlichen in der Gleichartigkeit der Beschreibung bestand, die Vergleiche ja erst ermöglicht, und in dem Versuch, die bei Tempelanlagen der Ptolemäer- und Römerzeit abgrenzbaren Raumfolgen Kultbildkammer, Barkenraum, Opfertischsaal, Erscheinungssaal, Festhof in früheren Tempelanlagen wiederzuerkennen.

Parallel zu dieser Dissertation entstanden Arbeiten von Fachkollegen, die sich insbesondere mit dem „geistigen Ausgangspunkt" der Arnoldschen Analyse beschäftigt hatten, nämlich den Tempelanlagen der griechisch-römischen Zeit. Hier ist insbesondere an Erich Winter zu denken, der in seiner Arbeit „Untersuchungen zu den Tempelreliefs der griechisch-römischen Zeit", ausgehend von der Detailanalyse von Tempeldekorationen, durch Herstellung von Bezügen im Tempelganzen neue Wege zur Erkenntnis von Tempelstrukturen gegangen war. Es tauchte auch schon der Gedanke einer „grammaire du temple" auf (Ph. Derchain u. a.). Wenn auch die von Arnold vorgenommene schematische Rückprojektion späterer Raumfolgen von der Kultbildkammer bis zum Festhof Kritik auslösen mußte, so hat er andererseits das Prinzip von der „Bindung der Szene an den Ort" konsequent angewendet und damit einen Anstoß zu weiterer Forschung gegeben. Die Zahl der Fachkollegen, die sich intensiv mit der Analyse von Tempeln, ihrer Dekoration und ihrer Funktion beschäftigen, ist inzwischen sehr groß geworden. Stellvertretend für viele sollen nur die Namen R. Stadelmann, W. J. Murnane, P. Spencer, D. Kurth, St. Wenig, H. Beinlich usw. erwähnt werden. Ihre Arbeiten lassen sich in die Fragestellung nach der Funktion der ägyptischen Tempelanlagen, die sie für Königtum bzw. Staat gehabt haben, einbeziehen. Ist doch der Tempel als zentrale politische Institution, die die Einbindung des Staates in das Göttliche vorzunehmen und zu überwachen hatte, der Ort zur Manifestation des königlichen und damit staatlichen Selbstverständnisses Ägyptens, dessen Nuancenreichtum gerade in den politisch bewegten Zeiten des Neuen Reiches (Hatschepsut-Problem, Liquidierung des Amarna-Erbes usw.) greifbar ist.

Da diese Fragen nach Tempel und Tempeldekoration seit Sommer 1983 Thema des Forschungsschwerpunktes „Götterkultanlagen" am Institut für Ägyptologie der Universität Mainz sind, lag der Entschluß nahe, sie auch zum Thema einer Jahrestagung der Ständigen Ägyptologen-Konferenz zu machen. Für die SÄK-Kongresse hatte es sich im Laufe der letzten Jahre immer mehr als sinnvoll erwiesen, aus überschaubaren Forschungsgebieten, die sich einer besonderen Aktualität erfreuen, Generalthemen zu wählen und gesondert eingeladene Spezialisten um einschlägige Vorträge zu bitten. Wenn auch einige der angesprochenen Kollegen das Angebot nicht annehmen konnten, spiegelt die Liste der Themen jedoch die Situation im Fache einigermaßen getreu wider: die Schwerpunkte der Forschung bilden Tempel des Neuen Reiches, der griechisch-römischen Zeit und, neuerdings, auch der Kuschiten. Daß die griechisch-römische Zeit dabei überwiegt, ist wegen der vergleichbaren Fülle des aus dieser Zeit stammenden Materials nur zu verstehen. So besprachen (in chronologischer Reihenfolge) Christine Strauß-Seeber Probleme des Statuen-Programms Ramses' II. im Vorhof des Luxor-Tempels, Erich Winter Aspekte der Analyse von Tempeldekoration in Weiterführung seiner, man möchte sagen, „klassischen" Arbeit über die „Tempelreliefs", Dieter Kurth die Rolle der Person Pepis I. in den Dekorationen des ptolemäischen Hathor-Tempels in Dendera und schließlich Steffen Wenig seine Ergebnisse über die Analyse der Dekoration des Löwentempels von Musawwarat es-Sufra. Alle Vortragenden haben Wesentliches zur Erforschung ägyptischer Tempeldekorationen beigetragen, und ihnen sei an dieser Stelle gerade auch im Namen des Instituts für Ägyptologie der Universität Mainz herzlich dafür gedankt. Besonderer Dank gebührt auch Wolfgang Helck für sein Anerbieten, diese Vorträge in einer gesonderten Publikation im Wortlaut zu veröffentlichen. So möchte ich hoffen, daß die fachinterne Diskussion in dieser Weise weitergeführt wird, eventuell sogar in der Form spezieller Zusammenkünfte.

An dieser Stelle möchte ich im Namen der Teilnehmer der SÄK 1986 dem Ministerpräsidenten des Landes Rheinland-Pfalz, Herrn Dr. B. Vogel, dafür danken, daß er die Schirmherrschaft über die Jahrestagung übernahm und damit nicht nur dem Fach Ägyptologie öffentliche Aufmerksamkeit zukommen ließ, sondern auch die Arbeit des Instituts für Ägyptologie der Universität Mainz nachhaltig unterstützt hat. Dieses geschah nicht zuletzt durch den generös ausgerichteten Empfang in der Staatskanzlei, der den Teilnehmern des Kongresses in guter Erinnerung bleiben wird. Dank schulden wir auch dem Verein der Freunde und Förderer der Universität Mainz und dem Kultusministerium des Landes Rheinland-Pfalz für finanzielle Hilfen zur Durchführung der Tagung.

Rolf Gundlach

DIETER KURTH

ZU DEN DARSTELLUNGEN PEPI I. IM HATHORTEMPEL
VON DENDERA

Herrn Prof. W. HELCK
gewidmet, als verspäteter Beitrag zur
Festschrift

Unter den vielen Reliefs des Hathortempels von Dendera fallen drei durch eine Besonderheit auf: Sie zeigen beim Darbringen einer Opfergabe Pepi I., einen König, der zur Bauzeit des letzten Tempels bereits weit mehr als 2000 Jahre tot war. Eine dieser drei Szenen wurde angebracht auf der Nordwand der Kammer E der Krypta Süd 1[1]. Die beiden anderen findet man im hinteren Sanktuar des Tempels (Raum J), und zwar die eine im 3. Register der Westwand[2], die andere im 3. Register der Ostwand[3]; für sie ist also der nordsüdliche Hauptweg des Tempels eine Symmetrieachse.

Relativ früh hat sich die Ägyptologie mit diesen auffälligen Reliefs beschäftigt. In seinem 1877 erschienenen Buch über die Baugeschichte des Denderatempels[4] widmete ihnen J. Dümichen einige Aufmerksamkeit. Er gibt als Grund für das Auftreten Pepi I. an, daß jener König anscheinend der Bauherr ·des ersten Tempels von Dendera gewesen sei und daß man ihn deshalb auch in dem heute noch erhaltenen griechisch-römischen Bau habe darstellen wollen, und zwar „so wie er einst in diesen Räumen[5] der Herrin des Tempels seine Huldigung dargebracht hatte".

Ein knappes Jahrhundert später befaßt sich F. Daumas[6] mit den Darstellungen und Beischriften der uns hier interessierenden Wanddekorationen und erkennt in jedem der Reliefs die Abbildung einer rundplastischen Darstellung Pepi I., welcher gerade dabei ist, der Göttin Hathor eine kleine Figur des

---

* Textverweise ohne Angabe des Bandes beziehen sich immer auf Dendara V.
1 Siehe Abb. 1: Dendara V, Tf. 443 (448). Text: 158,7–160,8.
2 Siehe Abb. 2: Dendara III, Tf. 190 (197). Text: 84,9–85,9.
3 Siehe Abb. 3: Dendara III, Tf. 180 (189). Text: 72,11–73,13. – Zur Lage der drei Szenen im Grundriß s. Abb. 4 (*).
4 Johannes Dümichen, Baugeschichte des Denderatempels, Straßburg 1877, 14f.
5 Die Szene auf der Ostwand des Raumes J wurde von Dümichen nicht aufgenommen.
6 François Daumas, Dendara et le temple d'Hathor, Kairo 1969, 1f.; 53; 61.

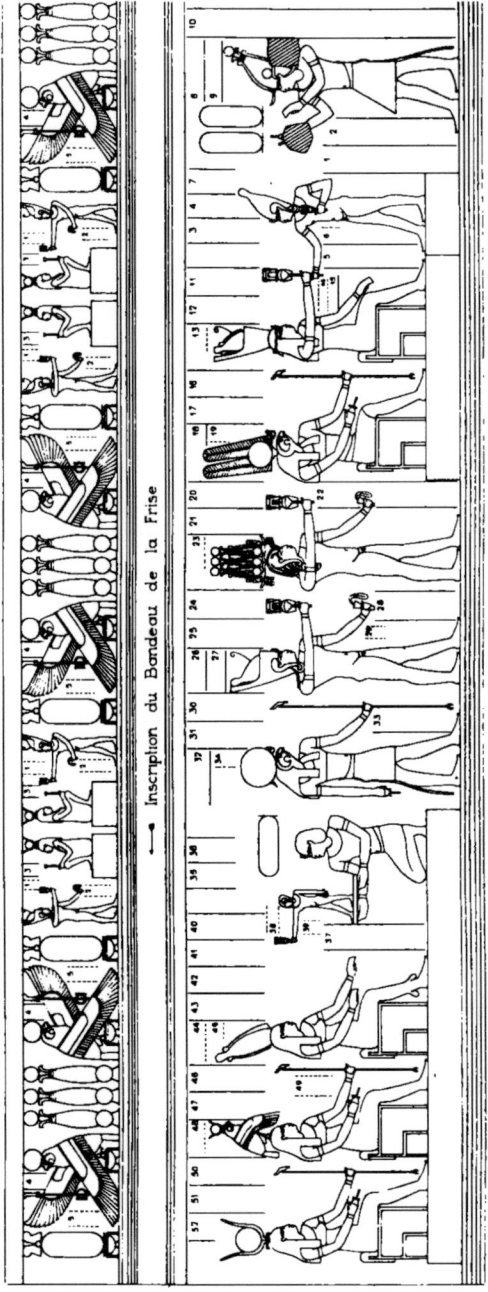

Abb. 1: Krypta Süd 1, Kammer E, Nordwand.

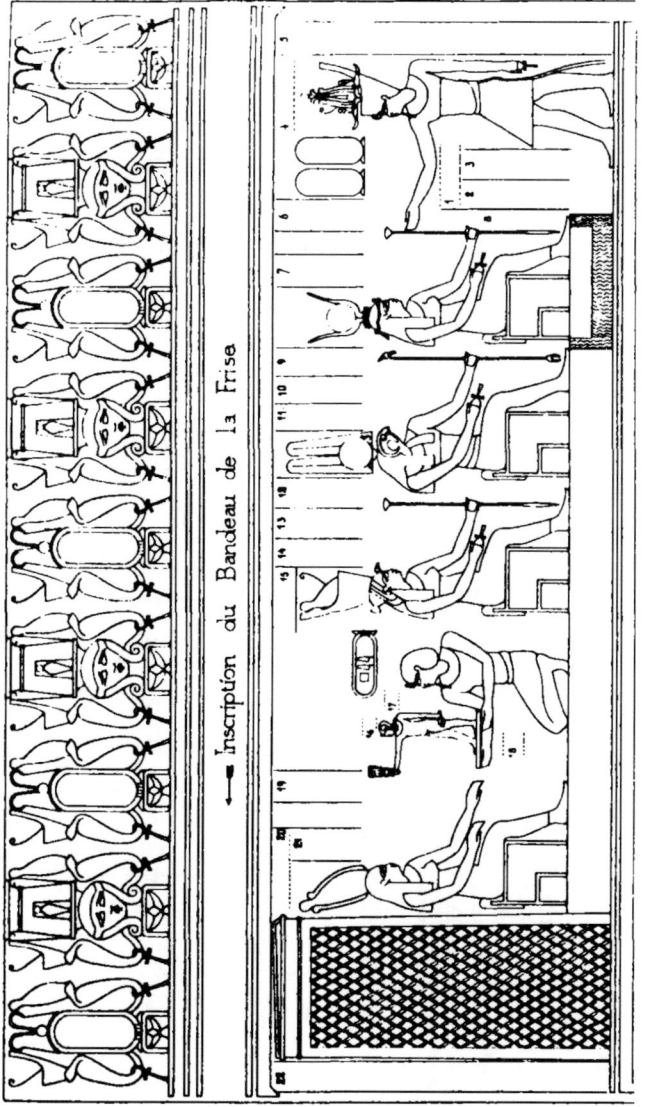

Abb. 2: Hinteres Sanktuar (Raum J). Westwand.

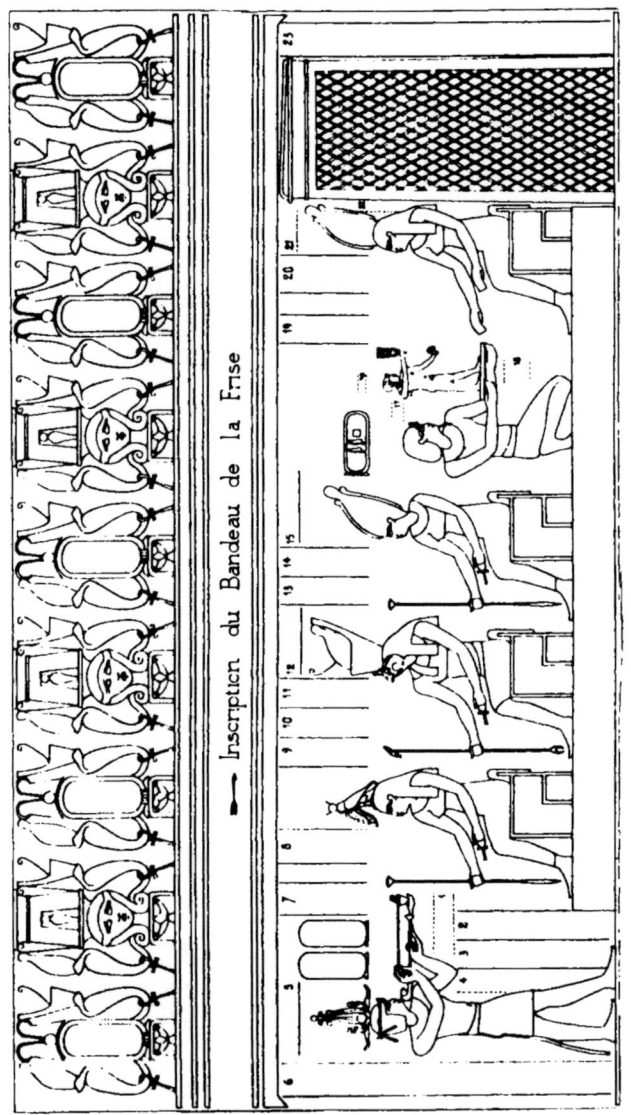

Abb. 3: Hinteres Sanktuar (Raum J), Ostwand.

musizierenden Gottes Ihi zu überreichen. Außerdem ist Daumas davon überzeugt, daß es sich bei den drei Reliefs um Abbildungen ein und derselben Statuette Pepi I. handelt, welche dieser König dem Tempel der Hathor gestiftet hatte, welche dort später in der Krypta Süd 1 aufbewahrt und nur zu bestimmten Anlässen in das hintere Sanktuar (Raum J) gebracht wurde.

H. Fischer[7] unterstützt diese Interpretation, betont aber, daß man über die Funktion der Statuette innerhalb der Riten nichts wisse. – Noch weitaus umfassender als Dümichen[8] und Daumas[9] dokumentiert Fischer[10] mit Quellen ab der Zeit Pepi I., daß dieser zu Hathor von Dendera eine besonders enge Beziehung hatte.

Damit haben die genannten Autoren in weitgehender Übereinstimmung eine einleuchtende Erklärung dafür geliefert, warum aus der langen Reihe der einstigen Pharaonen für die vorliegenden Szenen gerade Pepi I.[11] ausgewählt wurde: Dieser König hatte sich in ganz besonderem Maße der Hathor von Dendera verbunden gefühlt, und das war den Planern der Tempeldekoration in griechisch-römischer Zeit noch vertraut gewesen[12]; dem königlichen Förderer des Tempels sollte ein ehrendes Andenken bewahrt werden[13].

Auch die Frage nach dem realen, materiellen Bezugspunkt der Reliefs Pepi I. konnte m. E., soweit es die heutige Quellenlage zuläßt, zufriedenstellend beantwortet werden:

– ein und dieselbe Statuette Pepi I. wird abgebildet, denn die Reliefs stimmen, abgesehen von wenigen Details, völlig überein;
– diese goldene Statuette war eine Stiftung Pepi I.; für derartige königliche Geschenke an Tempel gibt es Parallelen[14];
– die Statuette wurde noch in griechisch-römischer Zeit in Dendera aufbewahrt.

---

7   Henry Fischer, Dendara in the Third Millenium B. C., New York 1968, 42 ff.
8   L. c.
9   BIFAO 52, 1953, 163 ff.; RdE 25, 1973, 7 ff.
10 O. c., 37 ff.
11 Die Lesung „Ppj" der Schreibung ▢ 𓏭 (entspricht griech. φίος) ist gesichert, s. Fischer, o. c., 40; Wildung, MDAIK 25 (1969), 219; Daumas, BiOr 30 (1973), 228 f.
12 Zwar erscheinen in der Dekoration dieses Tempels auch die Namen anderer Pharaonen der vergangenen Jahrtausende (z. B. Cheops; Thutmosis III.), aber Pepi I. wird wesentlich häufiger als alle anderen genannt.
13 Zum Anliegen der Tradierung cf. Dendara VI, 152, 1–4: (Bauurkunden des Tempels werden getreu den Vorlagen in die Tempelwand eingraviert), „damit es jeder Nachkomme sehe ...".
14 Daumas, BiOr 30 (1973), 229.

Doch die bisherige Beschränkung auf die Frage nach dem historischen sowie dem realen, materiellen Bezugspunkt der drei Reliefs hat eines völlig außerhalb der Betrachtung gelassen: Wie fügen sich diese Reliefs in den Dekorationszusammenhang des Raumes, in dem sie angebracht wurden? – Darauf eine Antwort zu geben ist das Anliegen meines Artikels.

Die soeben aufgeworfene Frage führt in eine andere inhaltliche Dimension der Tempeldekoration, nämlich in diejenige, welche die theologische Bedeutung der sicher oft recht simplen rituellen Handlungen auf einer weitaus abstrakteren Ebene in Wort und Bild ausformuliert. Im allgemeinen mischen sich in den größeren Dekorationseinheiten drei inhaltliche Dimensionen; dabei ist es vor allem wichtig zu unterscheiden zwischen einer

– 1. inhaltlichen Dimension, welche die reale Bestimmung des Raumes heranzieht[15], und einer
– 2. inhaltlichen Dimension, welche die theologische Bedeutung des Raumes darstellt[16];
– eine 3. inhaltliche Dimension kann hinzukommen, in welcher der Tempel als Bauwerk und die Beziehungen des einzelnen Raumes zu anderen Räumen oder zum ganzen Tempel angesprochen werden[17].

Zunächst möchte ich mich mit der Krypta Süd A beschäftigen. Der Grundriß[18] läßt erkennen, daß die Krypta Süd 1 aus einem System von fünf miteinander verbundenen Kammern besteht. Symmetrie ordnet die fünf Kammern, denn nur die zentrale Kammer (A) hat eine Länge von 4,3 m, nur die beiden angrenzenden Kammern (B und D) haben eine Länge von jeweils 3,2 m, und nur die beiden äußeren Kammern (C und E) sind jeweils 4,6 m lang; all dies bei stets gleicher Kammerbreite. Die fünf Kammern der Krypta Süd 1 sind also achsensymmetrisch angelegt, ebenso wie die über ihnen liegenden Tempelräume I, H, J, M und N. Die Achsensymmetrie der Krypta Süd 1 wird außerdem noch dadurch betont, daß nur die beiden äußeren Kammern (C und E) jeweils über einen zweistufigen Treppenabsatz zu erreichen sind[19].

---

15 Siehe Dieter Arnold, Wandrelief und Raumfunktion, MÄS 2, 1962. Diese für das Thema grundlegende Arbeit beschränkt sich allerdings auf die Tempel des NR. Die drei Dimensionen werden inhaltlich angesprochen (S. 127ff.), m. E. jedoch nicht in der erforderlichen Klarheit.
16 Siehe Derchain, RdE 15, 1963, 25 („La première conclusion").
17 Siehe Arnold, o. c., 105f.; 127 (3). Dieter Kurth, Die Dekoration der Säulen im Pronaos des Tempels von Edfu, Göttinger Orientforschungen IV, 11, Wiesbaden 1983, 359f.; cf. im erweiterten Sinne auch S. 289f.; De Wit, CdE 71, 56ff.; 72, 277ff.
18 Siehe Abb. 4: Daumas, Dendara (s. o., Anm. 6), Tf. 3.
19 Siehe Abb. 5: o. c., Tf. 6.

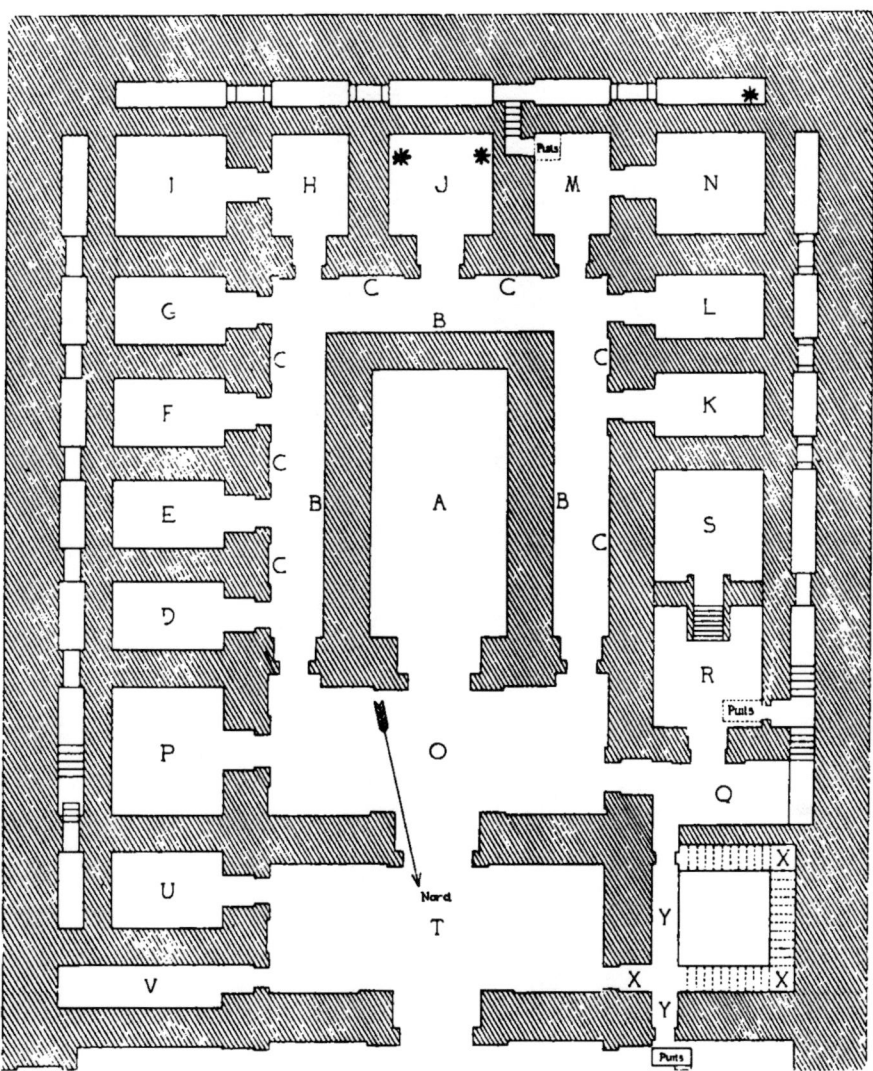

Abb. 4: Grundriß der Krypta Süd 1 und des Raumes J; Position der drei Szenen (*).

Der Achsensymmetrie in der Architektur entspricht eine Achsensymmetrie in der Dekoration. Letztere zeigt sich darin, daß die zentrale Kammer (A) eine am Ort singuläre Thematik besitzt, daß die beiden benachbarten Kammern (B und D) jedoch durch eine zum Teil komplementäre Thematik miteinander verbunden sind, ebenso wie die beiden äußeren Kammern (C und E). – Zugleich aber hat jede einzelne Kammer ein unverwechselbares eigenes Thema,

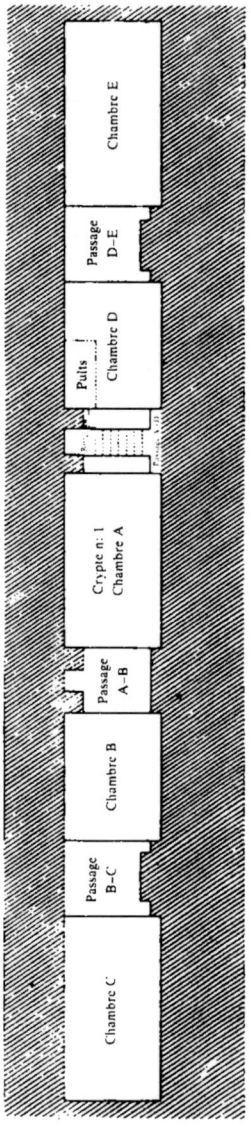

Abb. 5: Schnitt der Krypta Süd 1.

welches von den einzelnen Dekorationseinheiten der Kammer in unterschiedlicher Weise verarbeitet wird[20]: Die längeren Texte des „Bandeau de la frise" behandeln das jeweilige Thema sprachlich, die Szenen setzen es in rituelle Handlung um und die oberen Wandfriese bringen das Thema auf den kleinsten Nenner, teils sehr abstrakt, mit einer Mischung aus Sprache und Bildsymbolik; die oberen Wandfriese ändern sich mit der vor allem in Text und Szene ausgebreiteten jeweiligen Raumthematik wie in der Musik der Ton mit dem Akkord.

Kammer A heißt „Haus des Sistrums" und gehört der Hathor;
Kammer B heißt „Haus des Menit" und gehört der Hathor;
Kammer D heißt „Reines Haus" und gehört der Hathor;
Kammer C heißt „Haus des Harsomtus" und gehört diesem Gott;
Kammer E heißt „Haus des Ihi" und gehört diesem Gott.

Die Kammern A, B und D bilden eine Einheit, insofern als sie der Hathor gehören. Eine weitere Einheit bilden die Kammern C und E, insofern als sie den Göttern Re-Harsomtus und Ihi gehören, welche im Sonnenzyklus ineinander übergehen (s. u.).

Im Eingangsraum dominiert das Thema des „ẖnm jtn", der Vereinigung der Tempel-Gottheiten mit der lebensspendenden Kraft der Sonne am Himmel, welche der Ba einer jeden Sonnengottheit ist.

Von den drei Kammern der Hathor widmet sich die Dekoration der mittleren den wichtigsten Zügen der Gesamtpersönlichkeit der Göttin. Zentrale Bedeutung hat dabei das Sistrum, das einerseits zur Freunde und Erheiterung der Göttin, andererseits aber auch zur Besänftigung ihres Zornes gespielt wird[21]. Den gleichen Rang innerhalb der Dekoration hat das Fest der Trunkenheit, welches während der Festfolge anläßlich der Rückführung der Hathor-Tefnut aus Nubien gefeiert wird[22]; das Fest der Rückführung der Göttin bezieht sich auf den Jahreszyklus der Sonne[23] und ist damit dem Hauptthema des Eingangsraumes (ẖnm jtn) verwandt.

---

20 Siehe Abb. 6: Die Dekorationsthemen der Krypta Süd 1.
21 Generell spielt das Sistrum in der Dekoration der Südwand des Hauptgebäudes eine herausragende Rolle; s. auch Dendara, Tf. 418–421.
22 Siehe Daumas, Dendara (s. o., Anm. 6), 21 ff.; H. Altenmüller, LÄ II, 174/175.
23 Ich kenne keine andere Erklärung, die neben dieser bestehen könnte; s. Daumas, RdE 22 (1970), 70 f.; Kurth, Dekoration (s. o., Anm. 17), 161 ff. (Anm. 4); in diesem Zusammenhang ist wohl auch folgende Textstelle der Kammer A zu sehen: „(Der König ist) der, der auf das Dach des Haus-des-Re (Denderatempel) steigt, (um zu) sehen die weibliche Sonne in jeder Gestalt", 122,14. – Zur Behandlung des solaren Jahreszyklus im Horusmythus von Edfu s. Kurth, RdE 34, 1982/83, 71 ff. und GM 83, 1984, 39 ff.

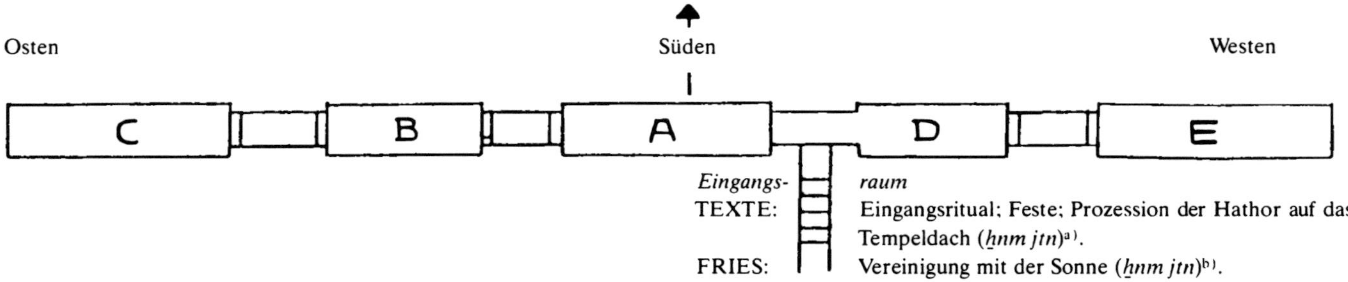

Osten → Süden ← Westen

Chambers: C | B | A | D | E

Eingangs-TEXTE:
FRIES:

raum
Eingangsritual: Feste; Prozession der Hathor auf das Tempeldach (ḥnm jtn)ᵃ⁾.
Vereinigung mit der Sonne (ḥnm jtn)ᵇ⁾.

Szene (jeweils doppelt)

- **C:** Pektoral-Opfer; Geburt des Harsomtus aus der Lotusblüteᶜ⁾.
- **B:** Zur Türe aus Gold hin eintretenʲ⁾.
- **A:** Das Heiligtum betreten. Den Gott preisenᵒ⁾.
- **D:** Spiel des Sistrumsˢ⁾.
- **E:** Maat-Opfer: König Pepi I. überreicht eine Figur des Ihiˣ⁾.

Text (bandeau de la frise)

- **C:** Re-Harsomtus. *Haus-des-Harsomtusᵈ⁾. Geburt des Re-Harsomtusᵉ⁾. Tagesanfangᶠ⁾. Neujahrsfestᵍ⁾. Regenerationʰ⁾.
- **B:** Hathor. *Haus-des-Menitᵏ⁾. Tempelgründungˡ⁾. Jahresbeginnᵐ⁾.
- **A:** Hathor. *Haus-des-Sistrumsᵖ⁾. Fest der Trunkenheitᵠ⁾.
- **D:** Hathor, die Mutter der Mütterᵗ⁾. *Reines-Hausᵘ⁾. Schutz der Morgensonneᵛ⁾.
- **E:** Sohn der Hathorʸ⁾. *Haus-des-Ihiᶻ⁾. Der Sohn der Hathor übernimmt die Herrschaftᵃᵃ⁾.

Fries

- **C:** Ihi mit Sistrum und Menit vor Harsomtus.
- **B:** Haus-des-Menit; Hathor im ꜣḫt.
- **A:** Hathor beiderseits eines Heh vor ihr Ihi.
- **D:** Hathor beiderseits eines Heh.
- **E:** Ihi mit Sistrum und Menit vor Hathor.

Text im Fries

- **C:** Harsomtus ist erschienen mit der Sonnenscheibe in der Federkroneⁿ⁾.
- **B:** Hathor im Haus-des-Menit ist erschienen mit der Sonne in der Hörnerkroneⁿ⁾.
- **A:** Millionen (Sed)-Feste (für) Hathor im Haus-des-Sistrumsʳ⁾.
- **D:** Millionen (Sed)-Feste (für) Hathor im Reinen-Hausʷ⁾.
- **E:** Besänftigung der Hathor durch Ihiᵃᵇ⁾.

Abb. 6: Die Dekorationsthemen der Krypta Süd 1.

___: Inhaber(in) der Kammer.
—*: Name der Kammer.

Anmerkungen zu Abb. 6:
a) Dendara V, 116,1–119,3; s. Daumas, ASAE 51, 1951, 384 ff.
b) 120; Tf. 414; die Südwand der Passage A–D zeigt Schu, Tefnut, Geb und Nut, welche von ihren Epitheta ausgewiesen werden als Schützer und Helfer des Falkengottes von Dendera und seiner Mutter (119,4–120,4).
c) 139,10–141,7; 143,7–145,2.
d) 138,7; 139,5 142,8; 143,3; cf. auch 137,2 und 13.
e) 138,10 („Chepre in der Lotusblüte"); 142,8/9 („Re-Harsomtus, ..., in der Nacht, in der das Kind in seinem Nest ist, der Lichtstrahlen auf die Erde sendet (bereits) von den beiden Geburtsziegeln aus, ...").
f) 138,8/9 („..., zu dessen Lobpreis die Götter früh aufsind am Beginn der Zeitabschnitte in der Morgenfrühe, vor dessen Angesicht die Hetjet-Affen jauchzen, ...").
g) 142,8 („Re-Harsomtus, ..., in der Stadt-des-Neujahrsfestes (Dendera) ..."); 142,10 („Re-Harsomtus, ..., wenn er leuchtend aufgeht in seinem Gemach in der Utjes-neferu-Barke[sic] an seinem schönen Fest vom Jahresanfang ...").
h) 139,1/2 („Re-Harsomtus, ..., der sich in sein Gemach begeben hat im Haus-des-Sed-Festes (Dendera), um Millionen von Millionen Feste zu begehen ...").
i) 141,15–142,5; Tf. 431; 437. – Nord- und Südwand der Passage B–C zeigen zehn Gottheiten mit teils kämpferischem Charakter, sicher Schutzgottheiten des Raumes.
j) 132,9–133,10 (Hathor wird „menit" genannt); 135,3–136,6 (Isis begibt sich in das Haus-des-Menit (Kammer B) als Amme, 135,6; Isis ist die Mutter des Sonnengottes von Dendera 135,11/12).
k) 131,14; 132,5; 134,12 und 18.
l) 134,13/14 („Als sie (Hathor) den Glanz sah, in dem ihr Haus erbaut wurde, erhaben und neu wie (von) Tatenen, da wurde ihr Herz sehr süß wegen der für sie ausgeführten Gründung ...").
m) 134,15; Thot bringt Hathor das „wnšb", stattet für sie das Mondauge mit seinen Teilen aus; Seschat eröffnet für Hathor ein gutes Jahr. – Ist dies im Zusammenhang mit der Tempelgründung zu sehen?
n) 134,3–9; Tf. 424; 429. – Nord- und Südwand der Passage A–B zeigen acht Gottheiten, die zum größten Teil den Osiris (Sokaris) beschützen.
o) 122,6–123,6; 123,8–124,12 (Nordwand); 127,3–128,7; 128,9–130,2 (Südwand). Die Verteilung der in dieser Kammer doppelt vorhandenen Szenen auf Nord- und Südwand entspricht dem realen Ablauf des Kultes, da die Nordwand dem Eingang des Tempels näher liegt ($^c k\ r\ sḥm$) als die Südwand ($dw3\ ntr$).
p) 121,5 und 9; 126,3 und 6.
q) 121,5 („Das Haus-des-Sistrums (Name der Kammer A und des Tempels von Dendera) begeht sein Fest[sic] der wiederholten Trunkenheit. Hathor, ..., ergeht sich darin in der Festesfreude ihres Ka"); cf. auch 129,2 und 9. 126,3–5: Schu, Thot, Hu, Sia und die Acht Urgötter lobpreisen Hathor. – Die Stelle 126,6/7 (Hathor ist aus dem Himmel gekommen als weiblicher Behedeti von Punt) möchte man mit Blick auf Dendara V, 14,5 ff. und 16,10 ff. auf die Reise der Hathor nach Edfu beziehen; doch handelt es sich wohl eher um die morgendliche Ankunft der Hathor-Sonne aus dem Osten (Südosten).
r) 125; Tf. 418 und 429.
s) 146,9–147,13; 149,10–151,4.
t) 148,18–149,3 („Das Reine-Haus im verborgenen Gemach, die Kammer der Mutter der Mütter, des Auge des Re, der Großen, der Herrin des Himmels: ‚Du mögest am Morgen aus ihr (der Krypta) hervorkommen an jedem Tage und Licht spenden für alle Erdenbewohner. Dein

Vater Re umarmt dich (umgibt dich) mit seinem Schutz; Tatenen vervollkommnet deinen Leib; Thot, der Große, schirmt deinen Leib ab mit seinen Sprüchen ...'").

u) 145,14; 148,18.

v) Siehe unter „t)"; 145,14–146,2 („... Du mögest in Frieden erwachen ...". Lobpreis und Schutz der Hathor durch Thot, Seschat, Hu, Sia, Sehgott, Hörgott und den Horus des Ostens).

w) 148; Tf. 438; 449.

x) 154,3–155,14; 158,7–160,8.

y) 153,5 („Der vollkommene Sohn der Goldenen (Hathor) ist Herrscher im Hause-des-Ihi (Name der Kammer E und zugleich des ganzen Tempels), und er begeht sein schönes Fest der Übernahme der Erburkunde ..."); 157,7.

z) Siehe „y)"; 153,5; 153,13/14; 158,3/4 (Hier wird die Kammer dem Sohn der Goldenen, Ihi, zugewiesen, der mit Harsomtus, dem Sohn der Hathor, gleichgesetzt wird).

aa) 153,5–10 (Der Sohn der Hathor übernimmt die Herrschaft als Erbe seines Vaters, die Länder jubeln, Tribute werden gebracht; Auszug des Gottes); 157,7–12 (Der Sohn der Hathor übernimmt die Herrschaft der beiden Landesteile; seine Ikonographie wird beschrieben; ihn schützen die beiden Meret, Behedeti und Uto; er geht in das Haus-der-Bahre, doch unmittelbar darauf wird wieder das Haus-des-Erscheinens genannt).

ab) 156f. – In der Passage D–E (151f.) erscheinen zehn Gottheiten, von denen zwei als Urgötter auftreten, acht jedoch als Schutzgottheiten, deren Schutz vor allem dem Sohn der Hathor gilt (dem Ihi/Harsomtus als Kind), aber auch dem Osiris, der Krypta und den dort gelagerten Kultbildern (152,11 und 12). Einer der acht Schutzgötter ist Osiris, der unter den Göttern der Passagen nur an der vorliegenden Stelle anzutreffen ist; dieser Osiris zermalmt die Gefolgsleute des Seth.

Die sich nach Osten hin anschließende Kammer B stellt in den Mittelpunkt ihrer Dekoration das Menit, in dessen Gestalt die Göttin Hathor erscheinen konnte[24]. Vom Menit ging die Kraft zu jeglicher Erneuerung aus[25], und dazu passen bestens die in den übrigen Texten dieser Kammer angesprochenen Themen der Tempelgründung und des Jahresbeginns; dazu paßt auch, daß die Isis dieses Raumes die Mutter des Sonnenkindes von Dendera ist. So leitet denn die Dekoration der Kammer B zur Dekoration der Kammer C über, auf deren Wänden die Geburt des Re-Harsomtus dargestellt wird.

Die westlich anschließende Kammer D stellt Hathor als Mutter der Sonne vor[26]. Die Morgen-Thematik dieser Kammer korrespondiert mit dem Thema der Herrschaftsübernahme des Hathorsohnes, welches in der westlichsten Kammer E behandelt wird.

Zusammenfassend läßt sich also festhalten, daß Hathor in der Kammer A als

---

24 133,3 und 5.
25 Siehe Staehelin, LÄ IV, 53.
26 Zum Zusammenhang von Reinheit und Morgenfrühe s. Graefe, LÄ IV, 205.

Abb. 7: Krypta Süd 1, Kammer C, Südwand.

weibliche Sonne (um ihrer selbst willen) vorgestellt wird, in den Kammern B und D hingegen als Mutter des Sonnengottes.

Die östlichste Kammer C wird beherrscht von den Darstellungen des Re-Harsomtus, der in der Lotusblüte aus dem Urozean hervorkommt[27]. In den Texten ist die Rede von Regeneration, von der Geburt des Sonnengottes am Morgen, aber auch vom Neujahrsfest. Das Nebeneinander von Tages- und Jahreszyklus kann nicht verwundern, denn letzterer ist nur zusammen mit ersterem möglich[28]; beide sind an die Ostseite gebunden, der Tageszyklus unmittelbar, der Jahreszyklus aber nur mittelbar. – Eine Kombination beider Zyklen ist also das zentrale Thema der Krypta Süd 1: Dargestellt wird der letzte Tageszyklus der Sonne vor dem Neujahrstag; hier im Osten, in der Kammer C, geht die Sonne am Neujahrstag auf, und gegenüber im Westen, in Kammer E, geht sie zum letzten Male im alten Jahr unter. Und folgerichtig schließt sich nun im Eingangsraum das Thema der Vereinigung mit der Sonnenscheibe ($ẖnm\ jtn$) an; nach ihrer Geburt am Neujahrstage begibt sich die Sonnengöttin aus der Unterwelt der Krypta an den Himmel des Tempeldaches.

Besitzt aber die Kammer E wirklich eine West-Thematik? Diese Frage stellt sich sofort ein, denn Kammer D beherbergt die Mutter der Mütter und schützt die Morgensonne, und Kammer E zeigt mit der Herrschaftsübernahme des Hathorsohnes ein Thema des Neubeginns. – Nun, die Frage ist zu bejahen; die Kammer E besitzt eine eindeutige West-Thematik, die jedoch sehr diskret und mit alleiniger Ausrichtung auf positive Aspekte behandelt wird. Zum Beweis sei Folgendes angeführt:

1. Im real ungefähr nordsüdlich ausgerichteten Hathortempel gibt es viele Texte, die eine ideelle (theologische) ostwestliche Ausrichtung belegen[29]. Andere Texte und Dekorationseinheiten bezeugen aber zweifelsfrei, daß daneben die reale, nordsüdliche Ausrichtung beachtet wurde[30]. Letzteres ist vor allem beim Thema des täglichen Sonnenlaufes der Fall, denn bei diesem konnte der reale Sachverhalt nicht übersehen werden. – Es ist nicht

---

27 Siehe Abb. 7: Dendara V, Tf. 431.
28 Cf. in diesem Sinne 142, 8/9: „(Re-Harsomtus), ..., ist als Lebender in der Stadt-des-Neujahrsfestes (Dendera), und er leuchtet in seinem Haus in der Nacht, in der das Kind in seinem Nest ist ...". Siehe auch Kurth, Dekoration (s. o., Anm. 17), 162 (4.).
29 François Daumas, Les mammisis des temples égyptiens, Paris 1958, 30–36; 170f.; Daumas, Dendara (s. o., Anm. 6), X; Cauville, BIFAO 83, 1983, 51–53.
30 Dieter Kurth, Den Himmel stützen, Brüssel 1975, 132–134; lediglich in den Texten 4 und 5 macht die ideelle Ausrichtung an einer Stelle ihren Einfluß geltend, nämlich bei der Wahl der Göttinnen Ahait und Tuait. – Siehe demnächst die Arbeit von Heinz Felber, Zur Ausdeutung der Fenster in den ägyptischen Tempeln der griech.-röm. Epoche.

möglich, hier die ideelle ostwestliche Ausrichtung zugleich mit dem Jahreszyklus anzusetzen, denn dann läge Kammer E im Norden und der Sonnengott würde seine Herrschaft dort zum Zeitpunkt seines beginnenden Niederganges antreten[31]. Im Westen jedoch stimmt im Tageszyklus die Richtung, denn das Ziel ist der Aufgang; der Jahreszyklus wird nur durch die Wahl des letzten Jahrestages eingebracht. Also ist von daher bereits eine West-Thematik des Raumes E anzusetzen.

2. Bei Beschreibungen des täglichen Sonnenlaufes in den Tempeln der griechisch-römischen Epoche gab es eine Art Tabu für die Westseite: Die Texte sollten nicht mit der Nennung des Sonnenunterganges enden, sondern mit dem anschließenden Hinweis auf den Wiederaufgang im Osten; der Untergang sollte also nicht festgeschrieben werden[32]. Bereits in früherer Zeit finden wir Beispiele für die Vermischung von Themen des Ostens und des Westens, treffen wir Symbole des Ostens auf der Westseite an; dahinter steht die Absicht, die Kontinuität des Sonnenzyklus zu beschwören[33].

Damit läßt sich einerseits erklären, warum das Thema des Sonnenunterganges in der westlichsten Kammer E nur mit Diskretion behandelt wird. Andererseits wird verständlich, warum Kammer E so deutlich als der Ort bezeichnet wird, an dem Ihi, der Sohn der Hathor, seine Herrschaft übernimmt: Denn Ihi und Harsomtus sind nur zwei der vielen Gestalten des Sonnengottes von Dendera, können also über diesen als Jugendgestalten des Gottes miteinander identifiziert und dem erwachsenen Harsomtus gegenübergestellt werden: „Re-Harsomtus, ..., Chepre in der Lotusblüte, ..., der seine Gestalt wandelt in die des Horus auf der Palastfassade, ..., der sich wiederum in seiner Kammer verwandelt[34] zu Ihi, dem Reinen[35], König von Oberägypten, König von Unterägypten[36], der sich in sein Ge-

---

31 Cf. Barta, LÄ III, 531 ff.
32 Siehe Kurth, o.c., 133 f.; Edfou III, 49,10–55,5, mit wenigen Ausnahmen.
33 Siehe Derchain, Orientalia Lovaniensia Periodica 6/7 (1975/76), 153 ff. – Fallweise ist aber auch eine andere Deutung möglich: Im Westen der Oberwelt erkannte man den Ort des Sonnenaufganges für die Unterwelt.
34 Cf. Wb I, 188, 18–20; das Determinativ stammt von „ˁn", „schön sein" (Wb I, 190), seine Verwendung hier ist nicht unbedingt als Fehler anzusehen.
35 Wb I, 283,9 belegt „Jhj wˁb" als „Priester der Hathor". Doch trägt auch der König diese Bezeichnung (Dendara III, 50,14; 78,5; Edfou I, 453,10; cf. Dendara III, 77,3/4; V, 133,9) sowie auch der Gott Ihi (Dendara V, 125; 150,7).
36 Zu Harsomtus mit dem Titel „König" cf. 132,12. Harsomtus ist also zugleich die Morgensonne, der regierende König, dann Ihi, der Reine, und der Gott-König, der nach irdischem Vorbild Sedfeste feiert. – Weitere Stellen als Belege für die Gleichsetzung des Ihi mit Harsomtus, dem Kind: 151,18 + 152,9/10; 153,13 + 158,3; s. auch Daumas, Dendara (s.o., Anm. 6), 25. – Die soeben übersetzte Textstelle: 138,7–139,2.

mach begeben hat im Haus-des-Sed-Festes (der Tempel der Hathor von Dendera) um Millionen von Millionen Feste zu begehen ...". – So wird denn schon hier im Westen, in der Kammer E, der Sonnengott von Dendera am Abend des letzten Jahrestages als Herrscher eingesetzt, um am Neujahrsmorgen verjüngt ein weiteres Regierungsjahr zu beginnen.

In diesem Sinne wäre dann auch folgende Textstelle der Kammer E zu verstehen[37]. „(Ihi/Harsomtus), ..., der leuchtet in seinem Bild am Tor-der-Rechtsprechung[38] beim Fest des Eintretens in das Haus-der-Bahre[39], unter ihm der Löwe, zu seiner Rechten und zu seiner Linken, tragend[sic] die Vollkommenheit (des Gottes)[40] im Haus-des-Erscheinens...". Das heißt doch, daß mit dem Haus-der-Bahre zunächst Westen und Tod angesprochen werden, daß dann aber ein Hinweis auf die Wiederkehr des Gottes den Text abschließt: „Haus-des-Erscheinens"[41].

3. Vor dem Hintergrund des bisher Gesagten kann man auch die beiden Maat-Opferszenen der Kammer E als Hinweis auf den Westen verstehen. Denn Maat war ja auch die Führerin und Lenkerin zum Positiven, war Leiterin des Sonnenbootes, war zugleich Herrin des Westens und der Unterwelt[42]. So ist der Sinnbezug zwischen den beiden Maat-Opferszenen und der Kammer E nicht nur im Thema der Herrschaftsübernahme zu suchen, sondern auch in der Fähigkeit der Maat, die Sonne vom Westen zum Osten durch die Unterwelt zu leiten.

4. Ein weiterer Hinweis auf den Westen wird dadurch gegeben, daß unter den Schutzgottheiten der Passagen – in der Passage zur Kammer E – zum ersten und einzigen Male Osiris auftritt.

5. Ein letztes, sehr gewichtiges Argument folgt weiter unten.

Man wird sich fragen, wo denn Pepi I. bleibt. Nun, dessen Szene in Kammer E kann erst jetzt betrachtet werden, denn vorher, ohne Kenntnis des Kontextes, also der Dekorationseinheit Krypta Süd 1, bestand keine Chance, das Auftreten Pepis I. zu verstehen.

---

37 157,10/11.
38 Siehe Sauneron, BIFAO 54, 1954, 117ff.
39 Cf. das korrespondierende „Haus-der-Bahre" in einem Text der Kammer C, 139,2. „Haus-der-Bahre" würde den Tempel von Dendera oder einen seiner Räume als Ort bezeichnen, an dem der Sonnengott zum Zeitpunkt seines zyklischen Sterbens Aufnahme, Schutz und Verjüngung erfährt.
40 ⌐⌐ ist zu ⌐⌐ zu verbessern. Beschrieben wird m. E. eine löwengestaltige Bahre.
41 Cf. 153,9: „... am Fest des Auszuges" (Kammer E, an paralleler Stelle).
42 Siehe Helck, LÄ III, 1110ff.; Westendorf, ZÄS 97, 1971, 143ff.; Christine Seeber, Untersuchungen zur Darstellung des Totengerichts im Alten Ägypten, MÄS 35, 1976, 141.

Beim Betrachten der fraglichen Szene (s. Abb. 1) fällt zunächst auf, daß Pepi I. und die drei ihm gegenübersitzenden Göttinnen – allesamt auf einem gemeinsamen Sockel ruhend – nur einen Unterabschnitt der ganzen Szene bilden. Des Königs Maat-Opfer gilt allen acht Gottheiten der Szene, die Übergabe der Figur des Ihi durch Pepi I. gilt nur den drei vor ihm thronenden Göttinnen; der lebende König und sein rund 2000 Jahre älterer Vorgänger haben die gleiche Ausrichtung, nämlich diejenige des Opferbringers.

Ferner fällt auf, daß die drei vor Pepi I. sitzenden Göttinnen exakt die gleiche Hathor-Titulatur besitzen, ohne die geringste Differenzierung[43].

Den Schlüssel zum Verständnis der Szene liefert jedoch die eigenartige Ikonographie der Hathoren; denn Parallelen zeigen, daß dies die Ikonographie der verstorbenen Hathorgenerationen ist. In den Beischriften zu einer parallelen Darstellung (Abb. 8) sagt der König zu den sieben Hathoren, die seine Anbetung entgegennehmen: „Seid gegrüßt, ihr Vorfahren (*tpjw(t)-ᶜ*), ihr Großen (Ältesten?), ihr erhabenen Mächte im Hause der Vornehmen (Hathor)"[44].

Mit Blick auf die Zepter, die Handhaltung und den Kopfschmuck kann es keinen Zweifel daran geben, daß wir auch in Kammer E drei verstorbene Hathoren als Urgöttinnen vor uns haben. Das wird weiterhin davon unterstützt, daß, wie schon die drei Hathoren der Kammer E, auch die sieben Hathoren der Parallele in ihren Beischriften nicht differenziert werden, abgesehen von einer, welche zusätzlich zu ihrem Namen „Hathor" das Epitheton „Herrin des angenehmen Windes" erhält. – Die weiße Krone der ersten Hathor der Kammer E ist in dieser Form, ohne Gehörn und direkt auf dem Kopf der Göttin aufsitzend, für Hathor ungewöhnlich, doch kann Osiris diese Krone tragen[45]. Sollte diese Hathor durch die Krone des Osiris als Hathor-Osiris, als verstorbene Urgöttin ausgewiesen werden? Wie dem auch sei, die Urgöttin mit der weißen Krone ist in Kammer E eine bekannte Erscheinungsform der Hathor von Dendera, ist eine Hathor, die Leben spendet: „Worte zu sprechen von Hathor, der Großen, der Herrin von Dendera, ..., die erschienen ist mit der weißen Krone und den beiden Federn auf ihrem Haupt, der Herrin des Lebens, die (davon) demjenigen gibt, den sie liebt"[46]. – Die Falkenbekrönung der zweiten Hathor weist ebenfalls auf eine verstorbene Urgöttin; man denke nur an die sieben

---

43 160,3; lediglich zur ersten Hathor wird noch hinzugefügt, daß Ihi für sie musiziert, um sie milde zu stimmen.
44 Dendara VII, 136,14–137,9; Tf. 649. – Cf. auch Dendara II, 54, 10 und Tf. 98.
45 Siehe z. B. Dendara VII, Tf. 605, 2. Reg., links; cf. auch den Titel des Osiris „Fürst der weißen Krone", Winter, in: CdE 39 (1964), 41 ff.
46 155, 9/10.

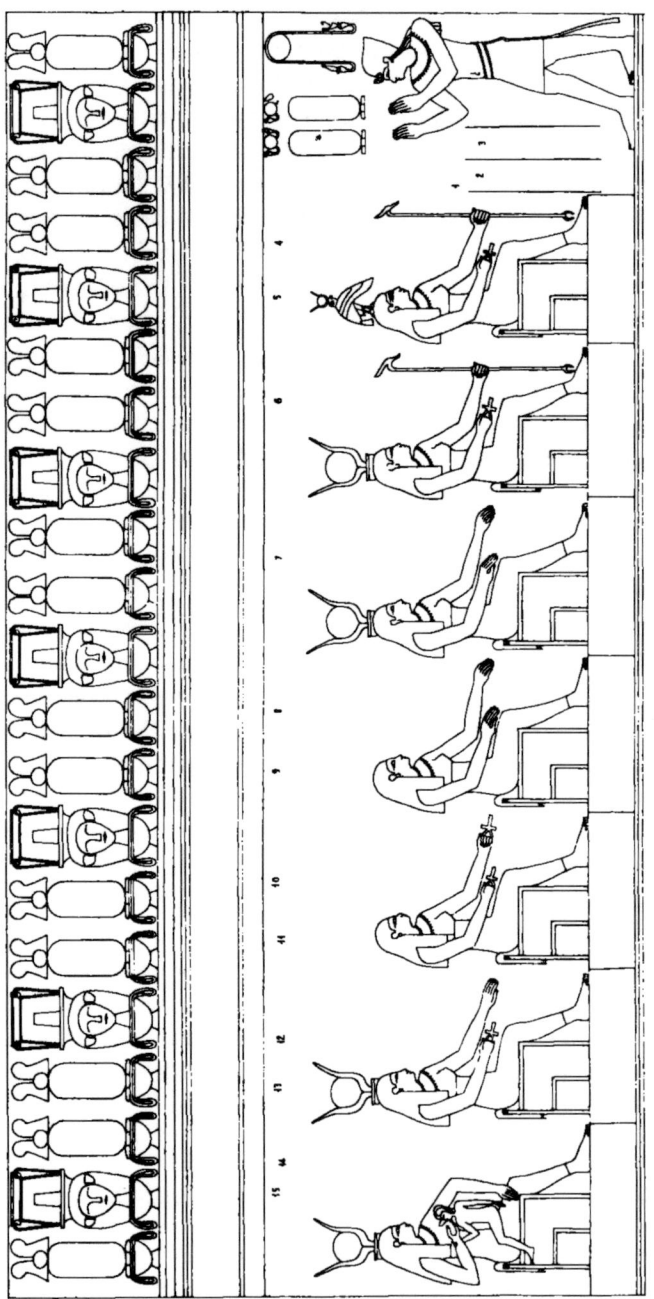

Abb. 8: Raum U, Südwand.

Formen Mehet-weret, die in Falkengestalt in der Götternekropole von Esna ruhen[46a].

Bei den drei verstorbenen Hathoren, die sich genau am westlichsten Punkt der Nordwand befinden[47], treffen wir erneut auf ein West-Thema des Raumes E; denn im Westen, bei den verstorbenen Göttergenerationen, holt der Sonnengott die Kraft für seine zyklische Erneuerung. Diese Vorstellung läßt sich gut belegen: Zum Beispiel regeneriert sich in der Spätzeit der Amun von Karnak in jeder Dekade durch einen Besuch bei den Urgöttern von Medinet Habu[48]; während des Besuchs der Hathor von Dendera in Edfu, während eines Besuches also, der letztlich der Zeugung der Sonne des kommenden Jahres dient, begeben sich im Verlauf der Festriten Hathor und ihr Gemahl Horus zu den Gräbern der verstorbenen Urgötter[49] von Edfu[50].

Während sich also die Dekoration der Nordwand der Regeneration des Sonnengottes zuwendet, zeigt die Südwand der gleichen Kammer bereits das erhoffte Ergebnis, nämlich den Sohn der Hathor, der von seiner Mutter gestillt wird[51]. Dementsprechend enthält die Bandeau-Inschrift der Nordwand die Bezeichnungen „Haus-der-Bahre" und „Haus-des-Erscheinens"[52], die Bandeau-Inschrift der Südwand hingegen spricht bereits von den Festen des Auszuges[53]. Die Kammer E läßt also in bezug auf ihre Nord- und Südwand eine inhaltliche Differenzierung erkennen.

Warum opfert nun Pepi I. vor den drei Hathor-Urgöttinnen der Nordwand? Die Antwort darauf kann nach dem bisher Gesagten nicht mehr spektakulär ausfallen: Pepi I., der längst verstorbene König Ägyptens, wird als Opferbrin-

---

46a Esna V, Siehe 351. – S. auch das Federgewand der Gottheiten in Dendara V, Tf. 445 und 448, sowie auch Spiegelberg, Die Falkenbezeichnung der Verstorbenen in der Spätzeit, in: ZÄS 62, 1927, 27 ff.
47 Zur besonderen Bedeutung der Nordwestecke eines Raumes im Zusammenhang mit dem Sonnenlauf cf. Kurth, Dekoration (s. o., Anm. 17), 271–275, besonders 275; Esna, 197, 23/24; V, S. 351.
48 Claude Traunecker, La chapelle d'Achôris à Karnak II, Paris 1981, 138 ff.
49 Dachte man bei diesen verstorbenen Göttergenerationen auch an die vergangenen Jahressonnen, die vergangen, aber nicht verschwunden waren, deren Regenerationskraft in jeder neuen Jahressonne offenbar wurde? Wenn ja, wären damit Mumifizierung und Beerdigung des Kornosiris des vergangenen Jahres zu vergleichen s. dazu Horst Beinlich, Die „Osirisreliquien", Ägyptologische Abhandlungen 42, Wiesbaden 1984, 272 ff.
50 Edfou V, 130, letzte Zeile ff.; Traunecker, o. c., 123, Anm. 164 (Literaturangaben). Cf. auch Esna V, S. 351; Morenz, Religion, 25. – Dieses Sterben betrifft natürlich nur einen bestimmten Aspekt der Gottheit.
51 Tf. 443.
52 157,11.
53 153,9.

ger den Urgöttinnen zugeordnet, während Ptolemäus XII., sein zwei Jahrtausende jüngerer Amtsnachfolger, sein Maat-Opfer den zu seiner Zeit lebenden Gottheiten darbringt, zuallererst der vor ihm thronenden Isis von It-di, der „Gottesmutter" und „Herrscherin von Dendera", jener Isis, die in Dendera als eine Erscheinungsform der Hathor galt[54]. – Diese analoge Zuordnung ist aber vielleicht mehr als ein ikonographischer Kunstgriff. Da nämlich dem König als Gegengabe von den Gottheiten u. a. die Verjüngung seines eigenen Körpers gewährt[55] wird, halte ich folgende, weiterreichende Ausdeutung der Szene für vertretbar: So, wie sich die drei Urgöttinnen zum Sonnengott verhalten, so verhält sich der königliche Urahn zum regierenden König – und Regeneration wäre das Ziel in beiden Fällen.

Diese Erklärung für das Auftreten Pepi I. gilt, wie gesagt, nur innerhalb der 2. Dimension, in der das reale Ritualgeschehen auf theologischer Ebene ausformuliert wird. Hier werden die einst real gelagerten Götterstatuetten in einen Zusammenhang gesetzt, der die ganze Krypta Süd 1 umfaßt. In der 2. Dimension können die Statuetten handeln und reden. So sagt Pepi I., „der treffliche Erbe des Siese" zu jeder der drei Hathor-Urgöttinnen: „Ich habe deinen Sohn (Ihi) herbeigebracht, der Menit und Sistrum trägt, damit dein Gesicht heiter sei wegen deines Sistrums" (160,1).

Größe und Material der Statuette werden in einer Beischrift mitgeteilt: „Gold; Höhe: 1 Elle"[56]. Das gehört in die 1. Dimension, bezieht sich also auf die reale Bestimmung der Krypta Süd 1 als Aufbewahrungsort der für das Neujahrsfest benötigten Kultgeräte und Kultbilder. An dieser Bestimmung kann nach Auskunft der Texte kaum ein Zweifel bestehen: „Harsiese, ..., der die Gestalten (ḫprw) im Haus-der-Götterbilder (sšmw) schützt"[57], heißt es in einem Text. In einem anderen: „Ort des Verbergens die Gestalt des weiblichen Re (Hathor) in Dendera ..."[58].

So sind denn beide Dimensionen heranzuziehen, wenn man die fragliche Szene Pepi I. verstehen will. Zum alten Besitz des Hathortempels von Dendera gehörte m. E. neben anderen Kultstatuetten auch die vorliegende, die ein Geschenk Pepi I. war. Für den Entwurf der Kryptendekoration waren Lage und Ausrichtung der Krypta innerhalb des Tempels ebenso von Bedeutung wie die Bestimmung der in ihr zu lagernden Kultgegenstände. Ich vermute nun,

---

54 Siehe Daumas, Dendara (s. o., Anm. 6), 26.
55 159,8.
56 160,2. So auch Dendara III, 73,7/8; 85,5/6.
57 152,12. – Die drei „sic" beeinträchtigen nicht die Übersetzung.
58 149,6. Siehe auch 107,12; 139,5; 143,3; 146,5; 151,7; 153,13; 158,3. – Zur 1. Dimension würde ich ferner rechnen die Episoden des Eingangsrituals (116,11; 118,1 ff.), die Beschreibung des tragbaren Schreines der Hathor (116,12/13), die Maß- und Materialangaben u. a. m.

daß die Statuette des Königs – schon wegen ihres Alters – nicht primär zu den für das Neujahrsfest benötigten Kultobjekten gehörte, daß sie aber wegen ihrer Bedeutung in der Krypta Süd 1 aufbewahrt und an sinnvoller Stelle in deren Dekoration eingefügt werden sollte; letzteres wäre dann durchaus gelungen.

Mein Ergebnis muß abschließend noch an den beiden Reliefs des Tempelraumes J (Abb. 2 und 3) überprüft werden. Es wäre sehr wahrscheinlich richtig, wenn die Statuette Pepi I. auch dort im Kontext einer fernen Vergangenheit stünde.

Ein Kontext der Urzeit ist nun für beide Reliefs zweifelsfrei nachzuweisen:

1. Das hintere Sanktuar der Hathor (Raum J) trägt den Namen „Per-wer", einen Namen, der das uralte oberägyptische Reichsheiligtum bezeichnet[59]. Hinweise auf Urgötter finden sich in den Texten des Raumes[60], und an zwei Stellen erscheint in Bild und Text die Gruppe der acht Urgötter[61].
2. Abb. 2 und 3 zeigen das Per-wer jeweils in Seitenansicht[62]. In der Szene der Westwand (Abb. 2) begibt sich der König zu Isis, dem erwachsenen Harsomtus und zu Mut. Vor der letzten Göttin der Reihe, der „Hathor, Herrin des Per-wer[63]", erblicken wir wieder die Statuette Pepi I. Während sich der lebende König in seiner Rede an die „Neunheit von Dendera"[64] wendet, die „den Lebenden das Leben zuweist"[65], also an eine hier den Urgöttern zuzurechnende Göttergruppe, wendet sich sein königlicher Urahn Pepi I. an die Herrin des alten oberägyptischen Reichsheiligtums, eine Hathor, welche exakt die nun schon von der Krypta Süd 1 her bekannte Ikonographie der Isis (Hathor) aufweist, vor allem in bezug auf die Handhaltung und die Krone[66].
3. In der Szene der Ostwand (Abb. 3) bringt der lebende König Hathor, Horus

---

59 RÄRG, 630f.; Arnold, LÄ IV, 934f.
60 Dendara III, 46,7 (pꜣwt tpjt).
61 Dendara III, 48–50; Tf. 94 (über dem Eingang, Außenfassade); 87,9 und 13; Tf. 200 (Pfosten der Nische).
62 Vergleichbar sind Darstellungen der Götterbarke auf den Seitenwänden des Sanktuars. – Cf. auch Daumas, Dendara, 53.
63 Zum Ideogramm cf. Edfou VIII, 34,2; Dendara III, 56,9; 59,11; 60,5; 93, aber auch 62,3. – Zum Reichsheiligtum passen die Krönungsszenen der Nordwand.
64 Zur Lesung „psḏt" cf. Dendara III, 60,6. – Die Neunheit steht den Urgöttern nahe; sie war an der Schöpfung beteiligt, und in Edfu kannte man ihre Gräber (Edfou I, 173,11 ff.; 382,10ff.). Siehe Brunner, LÄ IV, 473ff.
65 Dendara III, 84,14.
66 Siehe Abb. 1.

von Edfu und Nechbet ein Weihrauchopfer dar, während Pepi I. die Figur des Ihi der „Hathor, Herrin des Per-wer" überreicht; letztere hat die gleiche Ikonographie wie die Isis (Hathor) der Krypta Süd 1 und die Hathor der Westwand des vorliegenden Raumes. Die gegenüber dem lebenden König sitzende Hathor wird von dem Falken auf ihrem Haupt als Urgöttin ausgewiesen[67]. An alle Gottheiten richtet der König die Worte: „Weihrauch kommt, der eure[68] Körper beweihräuchert, Weihrauch, der (schon) eure[68] Vorfahren (tpjw-ꜥ) beweihräuchert hat"[69].

Somit finden wir Pepi I. auch in den beiden Szenen des Raumes J vor einer Urgöttin. Anders jedoch als in der Szene der Krypta Süd 1 handelt es sich auch bei den Gottheiten zwischen dem lebenden König und Pepi I. um Gottheiten der Urzeit; in seiner Rede erwähnt der lebende König sogar noch deren Vorfahren. Als Gegengabe erhält der König u. a. die Festigung seiner Herrschaft[70].

Zusammenfassung

Der lange Weg hat, in bezug auf die drei Szenen mit Pepi I., zu einem eher bescheidenen Ergebnis geführt:

– Eine goldene Statuette aus der Zeit dieses Königs befand sich wahrscheinlich zur Bauzeit des heute erhaltenen Hathortempels im Besitz der dortigen Priesterschaft; sie wurde wahrscheinlich zusammen mit anderen Kultgegenständen in der Krypta Süd 1 aufbewahrt[71], hatte jedoch unter den eventuell dort vorhandenen Statuetten anderer Könige eine besondere Bedeutung, weil die enge Beziehung Pepi I. zu Hathor von Dendera noch bekannt war.

---

67 Das Auftreten der Nechbet in dieser Szene ist zum einen im Zusammenhang mit dem Weihrauchopfer zu sehen, denn Nechbet galt als Herrin des Weihrauchs (s. Kurth, Dekoration (s. o., Anm. 17), 31, Anm. 24); zum anderen war ja Nechbet die Herrin des Per-wer.
68 Zur Schreibung des Suffixes cf. Junker, Grammatik der Denderatexte, § 49; cf. auch die parallele Szene Dendara III, 84,10/11.
69 Dendara III, 72,12.
70 Dendara III, 73,1 und 9; 85,7 (jeweils in einer Rede der Hathor).
71 Diese Bestimmung der unterirdischen Krypten ist sicher (s. o.). Allerdings wäre noch zu erklären, wie sich dazu das Auftreten der Maß- und Materialangaben in anderen Tempelräumen verhält (vor allem im obersten Register der um den „Couloir mystérieux" gelagerten Kapellen, aber nicht im Hauptsanktuar A; dazu: Krypta Ost 4, eventuell mit der darüberliegenden Treppe zu erklären, über die die Götterstatuetten an bestimmten Festtagen transportiert wurden).

— Wenn man auch über die reale Verwendung dieser Statuette im Kult keine sicheren Angaben machen kann, so läßt sich doch ihre Einfügung in die übergeordneten Dekorationseinheiten mit einem hohen Maß an Sicherheit begründen. Die Statuette, und mit ihr König Pepi I., erscheint in Ritualszenen, in denen der lebende König sein Opfer verstorbenen Urgottheiten darbringt; dabei befindet sich Pepi I. unmittelbar vor den Urgöttinnen und besänftigt diese zugunsten des lebenden Königs mit einer Figur des musizierenden Ihi.

Mit Gewißheit können wir hier einen originellen Einfall der antiken Dekorationsplanung erkennen. Vielleicht aber stand hinter der Zuordnung *Göttin der Urzeit und königlicher Urahn* noch mehr: Über die Analogie zur Zuordnung *lebende Gottheit und lebender König* würde dem lebenden König in der Szene der Krypta Süd 1 die Regeneration seines Körpers zuteil werden, in den beiden Szenen des Per-wer die Festigung seiner Herrschaft.

Christine Strauss-Seeber

ZUM STATUENPROGRAMM RAMSES' II. IM LUXORTEMPEL

All die vielen Tempelstatuen, die aus dem Neuen Reich bekannt sind, geben uns nur eine Ahnung davon, wie umfangreich die ägyptischen Tempelanlagen mit Figuren dekoriert gewesen sein müssen. Doch nur selten ist der Statuenschmuck eines Tempels noch in situ in Verbindung mit der Architektur und der Wanddekoration erhalten. Im Luxortempel befindet sich solch eine Statuenensemble, das auch Rückschlüsse auf das ursprüngliche Statuenprogramm ermöglicht[1].

Der Tempel von Luxor, erbaut von Amenophis III., restauriert und vervollkommnet in der Nachamarnazeit, wurde unter Ramses II. nach Norden hin durch den großen Hof erweitert und mit dem 1. Pylon abgeschlossen (Abb. 1). Davor errichtete Ramses 2 Sitzfiguren (C, D), 4 Standfiguren und 2 Obelisken. Im 1. Hof ließ er am Durchgang zur großen Kolonnade 2 Sitzfiguren (A, B) und auf der Südseite des Hofes, zwischen den Säulen, 11 Standfiguren aufstellen. Den westlichen Zugang zum 1. Hof flankierten auf der Außenseite 2 Standfiguren mit geschlossenen Beinen[2].

Die Standfiguren in den Interkolumnien des 1. Hofes bilden heute in ihrem ruinösen Zustand auf den ersten Blick ein einheitliches Bild. Ihnen gemeinsam ist das Standmotiv, der Königsschurz mit Dolch im Gürtel und das Mekes in den Händen. Doch bei genauer Betrachtung wird deutlich, daß die Figuren erhebliche Unterschiede aufweisen:

1) Material: 10 Figuren bestehen aus Rosengranit, 1 Figur aus schwarzem Granit (Nr. 3).
2) Maße: Die ehemalige Größe der Figuren läßt sich meist nur anhand der Fußlängen errechnen. Sie differieren zwischen 75 cm und

---

1 In diesem Vortrag werden Gedanken zur Diskussion gestellt, die im Zusammenhang mit einer Gesamtbearbeitung der Statuen und Obelisken Ramses' II. im Luxortempel stehen. Die Publikation aller Inschriften soll in einer Arbeit erscheinen, die gemeinsam mit F. Yurco, H. Pietsch und M. Abd el-Razik in Vorbereitung ist.
2 Die beiden Sitzfiguren PM II[2], 307, (20), (21), sowie die Standfigur (22) sind nur von Merenptah beschriftet, nicht von Ramses II. und wurden deswegen wohl nicht in dessen Regierungszeit hier aufgestellt.

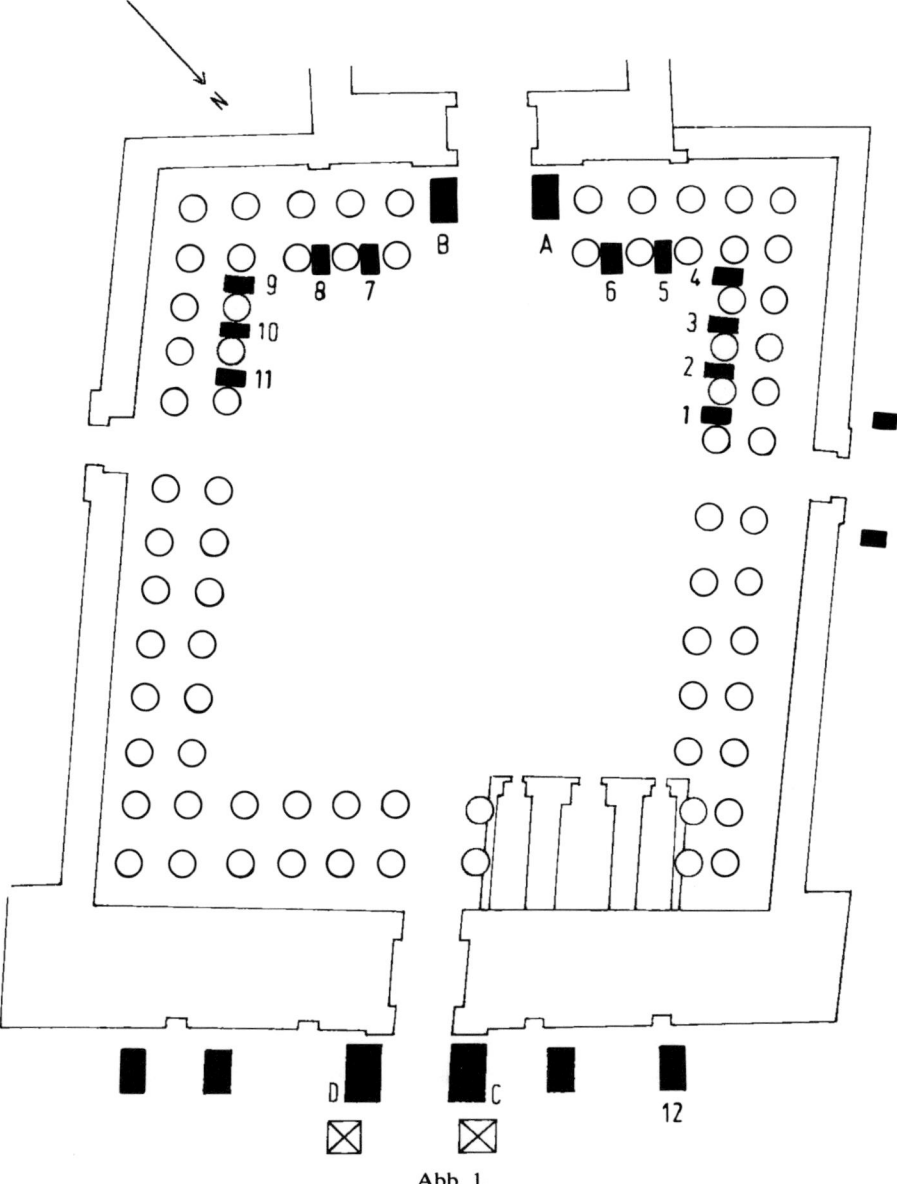

Abb. 1

1,15 m, d. h., bei einer durchschnittlichen Höhe von ca. 6 m machten diese 40 cm doch immerhin einen Größenunterschied der Figuren von etwa 2 m aus. Auch die Maße der Statuenbasen sind keineswegs einheitlich (s. u.).

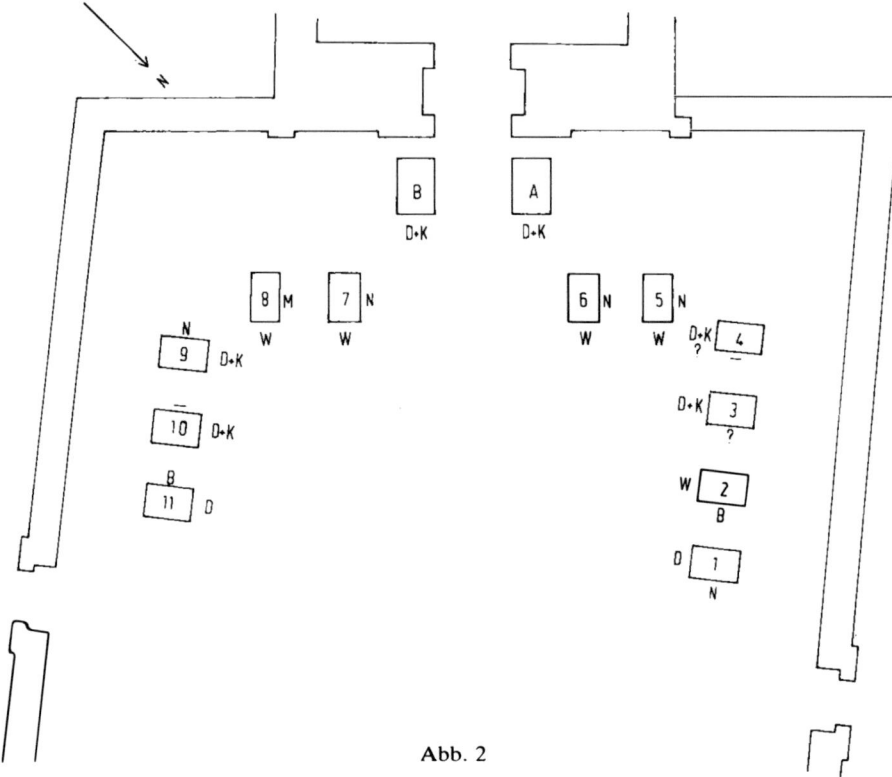

Abb. 2

3) Krone: 5 Figuren (Abb. 2)[3] trugen die Weiße Krone (W), 2 die Doppelkrone (D) und 3 die Doppelkrone mit Kopftuch (D + K) (die Krone von Nr. 4 kann ebenfalls zu einer Doppelkrone mit Kopftuch ergänzt werden[4]).

4) Nebenfigur: 9 Figuren wiesen links außen am Steg des vorgestellten Beines die Darstellung einer Königin auf (Abb. 2): 4 Figuren zeigten die rundplastische Gestalt der Nefertari (N), der Meritamun (M) oder der Bintanat (B), 5 Figuren zeigten in versenktem Relief die Nefertari; 2 Statuen weisen kein Königinnenbild auf.

5) Inschriften: Die Beschriftung der Rückenpfeiler und Basen folgt unterschiedlichen Schemata (s. u.).

---

3 Dieser wie auch die folgenden Pläne geben unter Auslassung der Säulen nur schematisch den Statuenbestand des 1. Hofes wieder.

4 Die heute vor der Figur Nr. 6 stehende Krone muß mit der vor der Figur Nr. 4 stehenden Krone ausgetauscht werden, erst dann stimmt die Orientierung der Rückenpfeilerinschriften auf den Kronen mit denen der Statuen überein. Diesen Hinweis verdanke ich F. Yurco.

 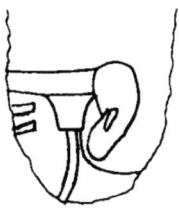

l: Kopf Ramses' II. von der Statue Nr. 9 (Zeichnung nach R. A. Schwaller de Lubicz, Le temple de l'homme II, Paris 1958 Tf. 20).
r: Kopf Amenophis' III. von der Statue Nr. 2.

Abb. 3

Die Aufstellung der Figuren in den Interkolumnien mit ihren unterschiedlichen Materialien und Größen, der unsystematischen Verteilung der Kronen, Königinnendarstellungen und der Schriftschemata zeigt kein klares Ordnungsprinzip.

Wie erklärt sich diese Uneinheitlichkeit in der Statuenanordnung?

Vergleicht man das Gesicht der Statue Nr. 9 mit dem der Statue Nr. 2, deren Kopf heute vor der Figur am Boden steht, so fällt auf, daß die Augenpartie der beiden Köpfe stilistisch unterschiedlich gestaltet ist. Während die Augen von Nr. 9 nur leicht kantig konturiert sind und die Oberlider die für die Ramessidenzeit typische plastische Wölbung zeigen, sind die Augen von Nr. 2 durch erhaben reliefierte Bänder betont (Abb. 3); der Schminkstrich und die Verlängerung der Augenbrauen sind noch am Außenrand des weitgehend zerstörten Gesichtes zu erkennen, die Doppelumrandung der Augen im inneren Augenwinkel ebenso. Seitlich vom Ohr wird in derselben Relieftechnik auch die Kronenlasche und der Ansatz der Bartbinde sichtbar. Während die Gesichtspartie der Nr. 9 eindeutig die Züge Ramses' II. aufweist, zeigt der Kopf Nr. 2 dieselben stilistischen Details wie der Kolossalkopf aus Rosengranit im Luxormuseum, der im Totentempel Amenophis' III. im Kom el Heitan gefunden wurde[5]. Diese Parallele weist die Entstehungszeit von Nr. 2 eindeutig in die Zeit Amenophis' III.

Diese Zuweisung wird bestätigt durch technische, ikonographische und weitere stilistische Details der gesamten Körpergestaltung, die charakteristisch sind für die Königsplastik Amenophis' III. und sich dadurch deutlich von den für die Regierungszeit Ramses' II. typischen Gestaltungskriterien abheben. Die folgende Gegenüberstellung führt einige besonders markante Unterscheidungsmerkmale auf:

---

5 Vgl. Gerhard Heany, Der Totentempel Amenophis' III., 1981, 88, Tf. 15.

Unterscheidungsmerkmale		Amenophis III.	Ramses II.
Technik:	Oberfläche	hoch poliert	grob
Ikonographie:	Halskragen	+	–
	Armschmuck	+	–[6]
	Stierschwanz, relief.	+	–
	9 Bögen	+	–
	Schurzkartusche	–	+
	Königin	reliefiert	rundplastisch
Stilistik:	Muskulatur (Arme, Beine, Bauchpartie)	naturalistisch	schematisiert
	Schlüsselbeine Ellenbogen,	markant	weich
	Brustwarzen	spitz	scheibenförmig
	Knie	naturalistisch	scheibenförmig
	Füße	geschwungen	klotzig
	Augenlider, Schminkstrich	bandförmig	wulstig
	Bartbinde	bandförmig	

Die 11 Standfiguren im 1. Hof lassen sich also in 2 Gruppen untergliedern (Abb. 4):

1) 6 Figuren, die in der Zeit Ramses' II. entstanden sind (Nr. 3, 4, 6, 7, 9, 10),

2) 5 Figuren, die in der Zeit Amenophis' III. entstanden und von Ramses II. usurpiert worden sind (Nr. 1, 2, 5, 8, 11).

Bei allen Amenophis III.-Figuren ließ Ramses II. auf dem Rückenpfeiler die ältere, meist 3zeilige Inschrift Amenophis' III. durch eine 2zeilige Inschrift ersetzen und die bisher undekorierte Basis mit seiner Titulatur beschriften[7]. Auf der Außenseite vom Steg des vorgestellten linken Beines wurde ein Königinnenbild in versenktem Relief eingearbeitet. Diese Merkmale der usurpierten Statuen finden sich auch bei der Standfigur Nr. 12 vor dem 1. Pylon (Abb. 1).

Obwohl alle 11 Standfiguren in der Zeit Ramses' II. beschriftet wurden,

---

6 Nur die Figur Ramses' II. Nr. 3 aus schwarzem Granit trägt Armreifen.

7 Hier werden nur die Rückenpfeiler- und Basisinschriften berücksichtigt, nicht die Namensformen auf Gürtel, Schurz, Schulter und Mekes; dazu die in Vorbereitung befindliche Gesamtpublikation (s. Anm. 1).

Zum Statuenprogramm Ramses' II. im Luxortempel 29

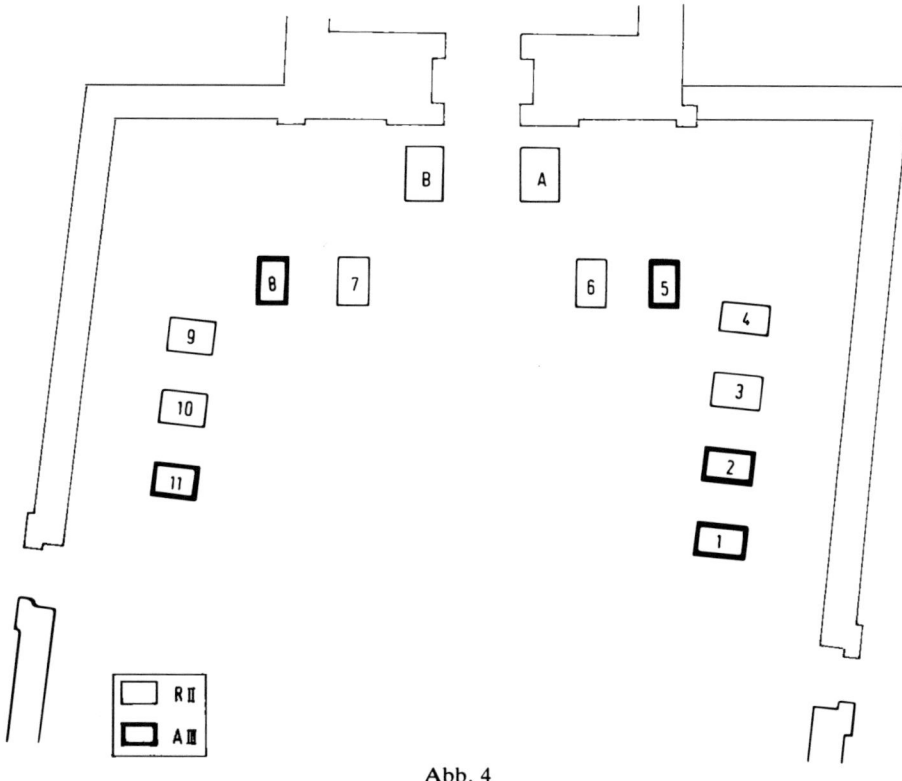

Abb. 4

zeigen sie unterschiedliche Beschriftungsschemata an Rückenpfeiler und Basis:

1) Die Orientierung der Rückenpfeilerinschriften (Abb. 5 u. 10)

Amenophis III.: einheitliche Schriftorientierung:
jeweils auf die Mittelachse der Statue ausgerichtet.
Ramses II.: 3 verschiedene Schriftorientierungen:
1× beide Inschriftkolumnen nach links orientiert,
4× beide Kolumnen nach rechts orientiert,
1× beide Kolumnen nach außen orientiert.

2) Das Beschriftungsschema der Rückenpfeiler (Abb. 6)

Amenophis III.: ausführliche Titulatur, nach dem sꜣ-Rꜥ-Namen die Nennung eines Gottes mit Epitetha und mrj.
Ramses II.: Titulatur, dann eine ausführliche programmatische In-

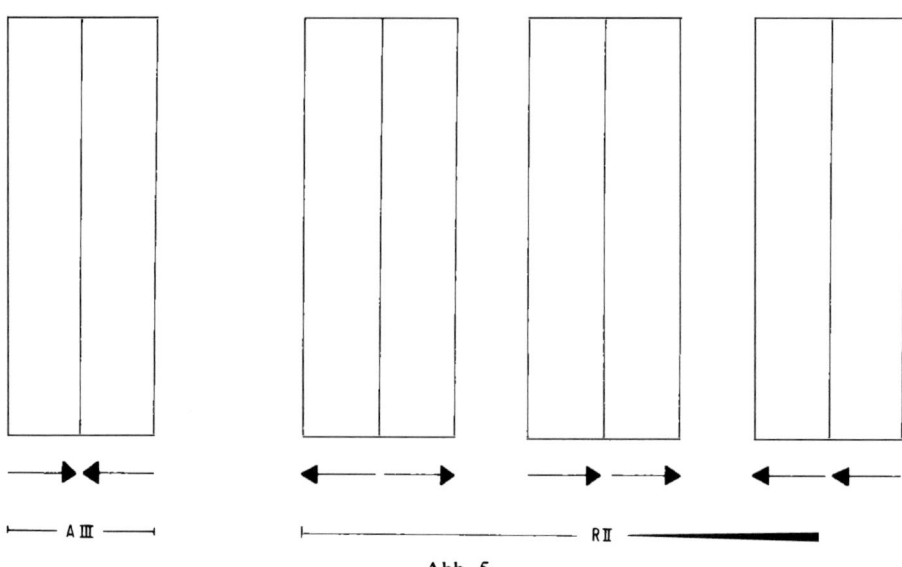

Abb. 5

schrift, abschließend irj.t·n·n.f (kann auch fehlen) und der s³-Rʿ-Name mit dj ʿnḫ bzw. mj Rʿ.

3) Das Beschriftungsschema der Basen (Abb. 7)

Amenophis III.: Beschriftung auf allen Seiten der Basen; Beschriftungsschema der Vorder- bzw. Rückseite: beiderseits der Mittelachse jeweils die beiden Ringnamen mit Titel, der Horusname und seitlich davon

    a) Amun, ideogrammatisch geschrieben, der dem König Lebenszeichen und Was-Szepter an die Nase hält, darunter ein Epitheton und *mrj*.

    b) Uto bzw. Nechbet mit Was-Szepter auf den Wappenpflanzen.

Ramses II.: Beschriftung nur an der Vorder- und Rückseite; Beschriftungsschema der Vorder- bzw. Rückseite; beiderseits der Mittelachse nur der Thronname ohne Titel seitlich davon Amun oder Amun-Re phonographisch geschrieben mit einem Epitheton und *mrj*.

Im folgenden wird zu zeigen sein, daß innerhalb der beiden Gruppen je 2 Figuren zusammengehören. Für die Figuren Amenophis' III. ist die Gleichheit der Maße das verbindende Element, das für das Statuenprogramm Ame-

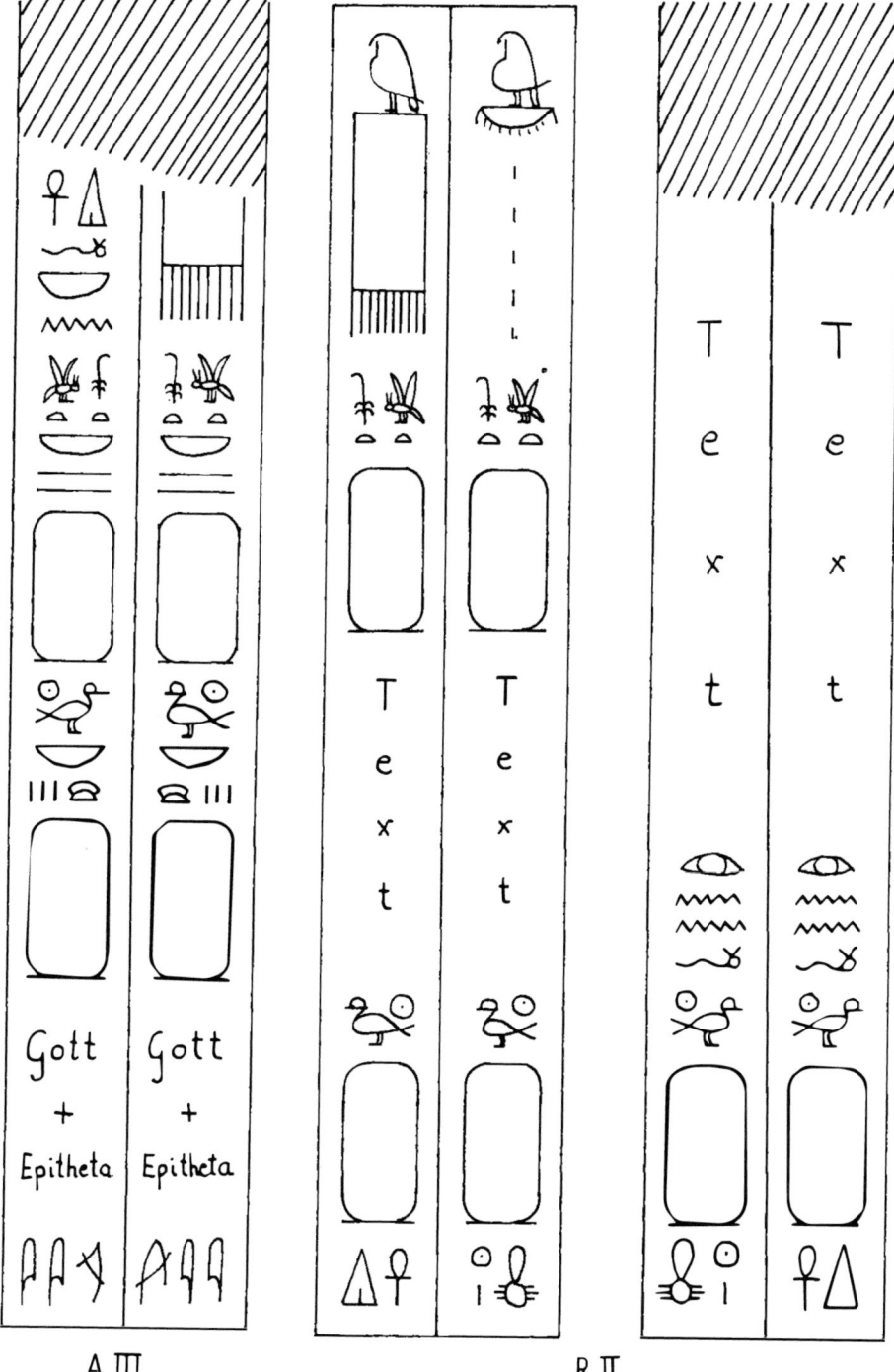

Abb. 6

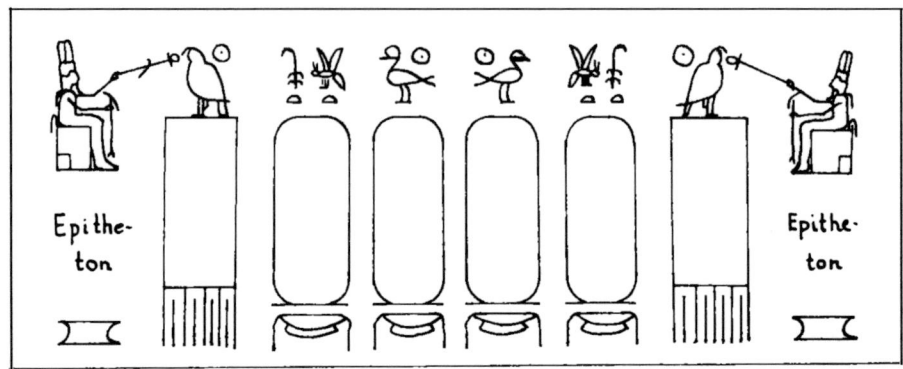

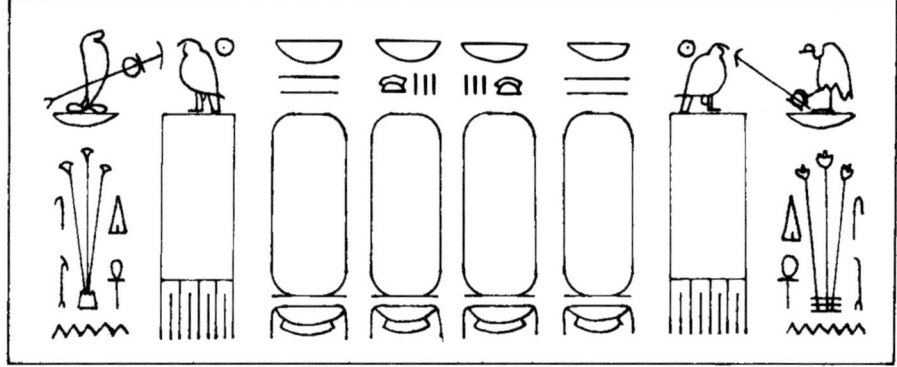

A III

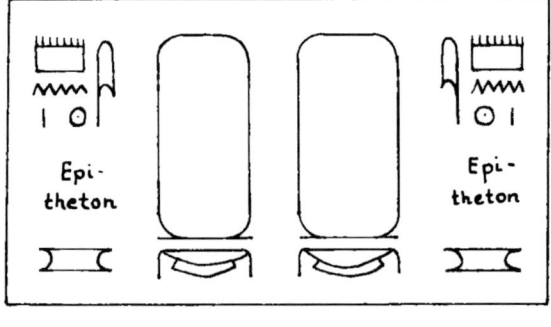

R II

Abb. 7

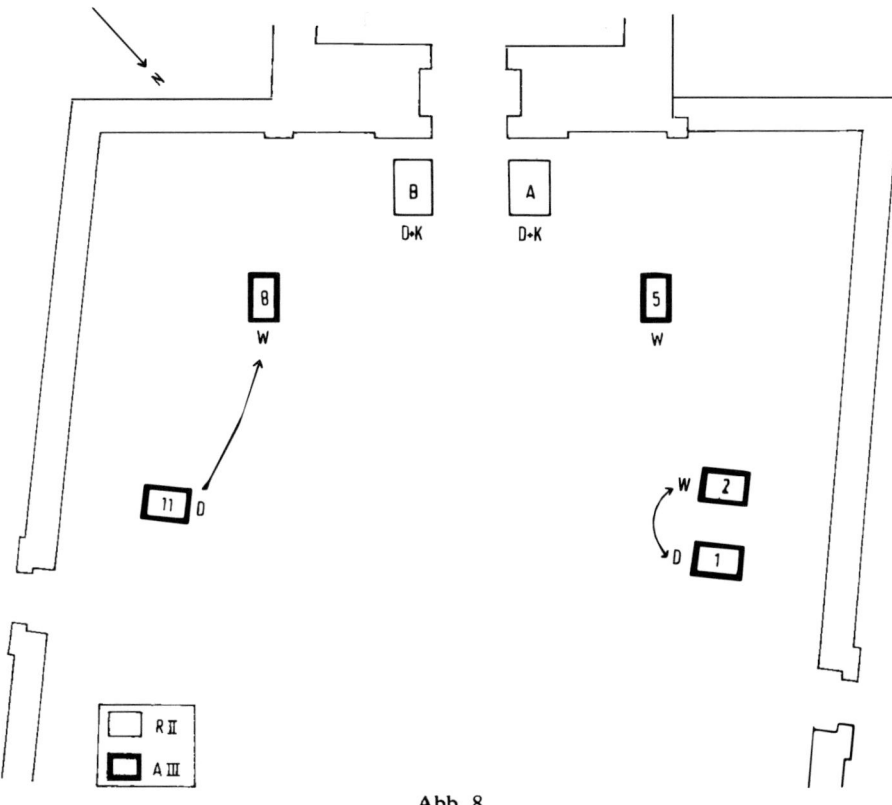

Abb. 8

nophis' III. von Bedeutung war. Die Tabelle zeigt eine auffallende Übereinstimmung der Maße bei den Figuren Nr. 1 + 2 und 8 + 11. Von den insgesamt 5 Statuen Amenophis' III. bleibt die Nr. 5 eine Einzelfigur (Abb. 8).

Statuen Ramses' II.:

Statuen-Nr.	Krone	Fußlänge	Basis			Rückenpfeiler	Text-
			H	B	L	B	B
1	D	85	55	1,34	2,10	96	82
2	W	85	58	1,35	2,13	96	81
8	W	92	58	1,40	2,39	1,04	84
11	D	92	58	1,41	2,41	1,04	85
5	W	1,15	68	1,63	2,64	1,23	1,01

Bei den Statuenpaaren der Amenophis III.-Gruppe trägt jeweils eine Figur die Weiße Krone, die andere die Doppelkrone[8].

Bei den 6 Figuren Ramses' II. ist das verbindende Element offensichtlich nicht die Gleichheit der Maße:

Statuen Amenophis' III.:

Statuen-Nr.	Krone	Fußlänge		Basis			Rückenpfeiler Text-	
		l	r	H	B	L	B	B
3	K+D	75/87		25	96	1,84	68	60
4	?	93/93		1,05	94	2,22	70	61
6	W	93/93		68	1,23	2,45	74	55
7	W	86/103		1,45	1,47	2,10	1,07	70
9	K+D	83/88		60	1,10	2,06	73	55
10	K+D	79/87		66	1,08	2,08	1,04	62

Hier spielen andere Kriterien eine Rolle. Allen 3 Paaren gemeinsam ist die jeweils gleiche Krone. Folgende Figuren gehören zusammen (Abb. 9):

6 + 7: Ihnen gemeinsam ist die Gestaltung der Partie des Stierschwanzes, den eine senkrechte Inschriftenzeile ersetzt, und der Aufbau der Rückenpfeilerinschrift, die mit einer – wenn auch unterschiedlich gestalteten – Sonnenscheibe bekrönt ist und im unteren Abschluß etwas oberhalb der Basisoberseite endet. In beiden Rückenpfeilerinschriften wird von Ramses' Bautätigkeit im Luxortempel berichtet. Beide Figuren trugen ehemals die Weiße Krone, denn sie flankierten den Zugang zum südlichen Tempelteil auf der Südseite des Hofes. Entsprechend ist die Orientierung der Rückenpfeilerinschriften auf den Eingang hin gerichtet.

9 + 10: Ihnen gemeinsam ist ebenfalls die Gestaltung des Stierschwanzes, der unreliefiert, aber in gelber Farbe aufgemalt ist. Auch diese beiden Figuren rühmen Ramses wegen seines Tempelbaues. Beide tragen die Doppelkrone mit Kopftuch. Bei diesen stimmen sogar manche Maße auffallend überein.

---

8 Näheres zur ursprünglichen Aufstellung der Amenophis III.-Figuren in meiner Diss. „Die Königsplastik Amenophis' III." (in Vorbereitung für die HÄB).

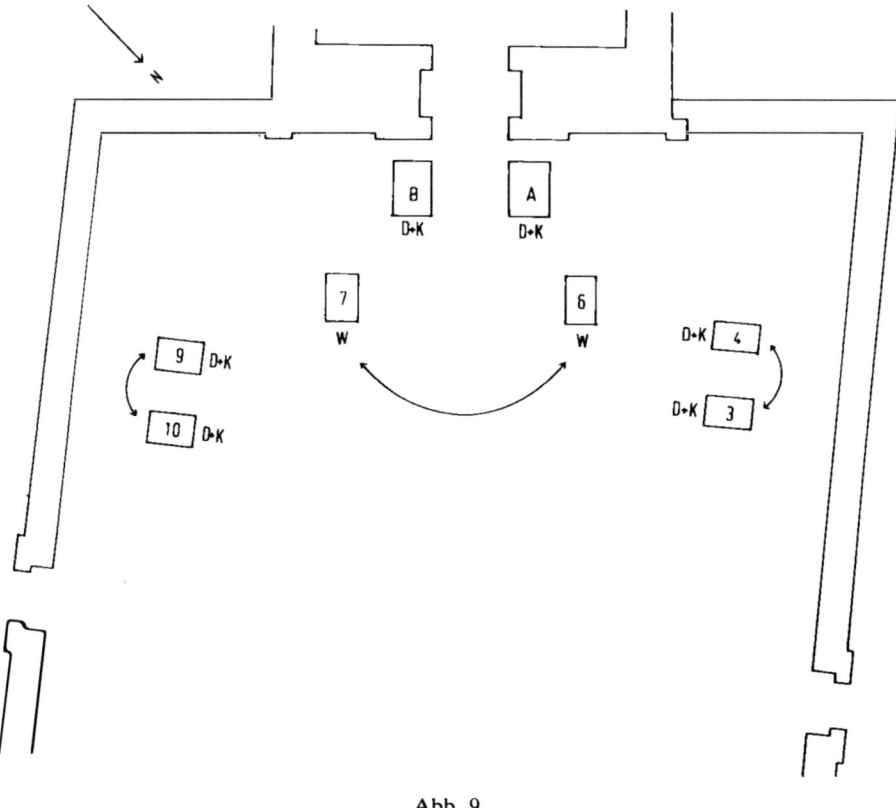

Abb. 9

3 + 4: Ihnen gemeinsam ist die Thematik der Rückenpfeilerinschriften, die Ramses als großen Kriegsherrn preisen. Nr. 3 trug die Doppelkrone mit Kopftuch, von Nr. 4 ist nur der obere Teil einer weißen Krone erhalten, so daß auch hier analog zu Nr. 3 die Doppelkrone mit Kopftuch ergänzt werden könnte.

Da die Statuen paarweise zusammengehören und dennoch in der heutigen Aufstellung so unkoordiniert in den Interkolumnen stehen (Abb. 10), ist kaum anzunehmen, daß dieses Ensemble nach einem einheitlichen Gesamtkonzept errichtet worden ist. Vielmehr wurde der Figurenschmuck des Hofes mehrfach umgestaltet. Um einen zeitlichen Anhaltspunkt für die Aufstellung der einzelnen Standfiguren im Hof zu gewinnen, hilft die Beobachtung weiter, daß auch der Statuenschmuck vor dem 1. Pylon eine Umgestaltung erfahren hat. Die heute noch archäologisch nachweisbaren beiden Sitzfiguren, die 4 Standfiguren und 2 Obelisken, die auch auf dem Relief an der westlichen Südwand des

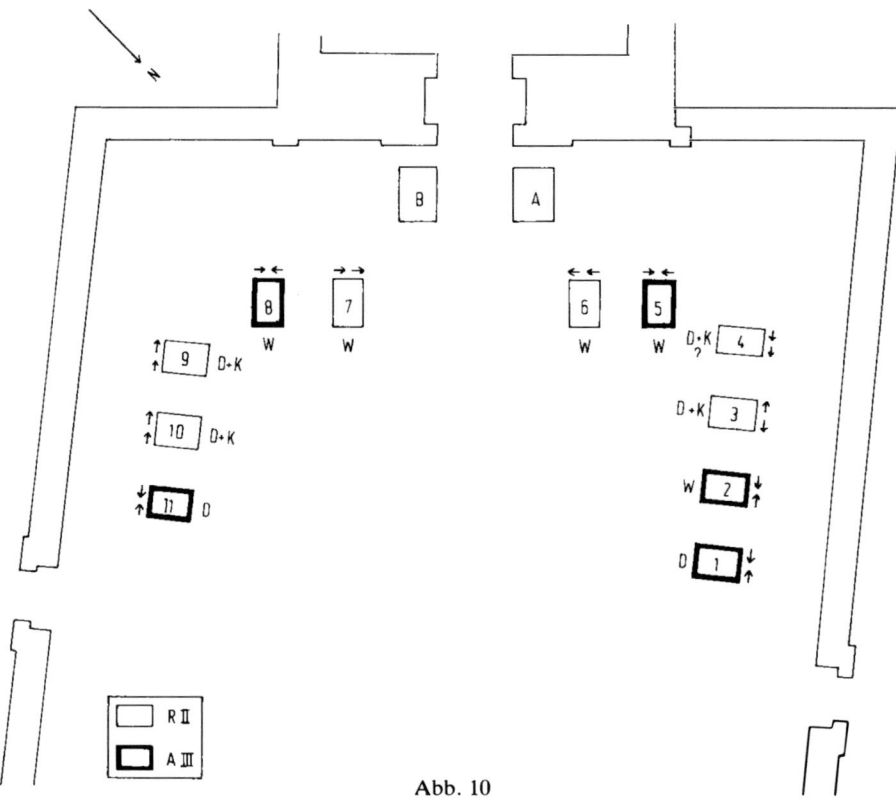

Abb. 10

ramessidischen Hofes[9] wiedergegeben sind (Abb. 11), stellen eine Erweiterung des ursprünglich geplanten Pylonschmuckes dar. Das beweist ein anderes Relief auf der Innenseite vom Ostturm des 1. Pylons[10], das die Tempelfassade im Zusammenhang mit der Gründungsinschrift aus dem Jahre 3 Ramses' II:, also nach Abschluß des 1. Bauabschnitts zeigt: nur mit den zwei Sitzfiguren und den beiden Obelisken (Abb. 12). Diese frühe Datierung für die Errichtung der Sitzfiguren und der Obelisken findet ihre Bestätigung in den Inschriften auf den Obeliskenspitzen und in den Mittelkolumnen beider Obelisken, die die Namensform $Wsr-M3^{\varsigma}t-R^{\varsigma}$ ohne den Zusatz $stp-n-R^{\varsigma}$ [11] nennen, die in dieser Form nur in den beiden ersten Regierungsjahren Ramses' II. verwendet wurde.

Wenn das ursprüngliche Statuenprogramm die Errichtung der Sitzfiguren

9   PM II², 308 (30).
10 PM II², 306 (17).
11 Dazu zuletzt LdÄ V, 110f., Anm. 2.

Abb. 11

aus schwarzem Granit vor dem 1. Pylon vorsah, so ist anzunehmen, daß gleichzeitig damit, als Pendant dazu, auch die Aufstellung der Sitzfiguren aus demselben Material im 1. Hof erfolgte, so daß die Statuendekoration formal ein Bindeglied zwischen den beiden Architekturelementen Pylon und Hof darstellte. Beiden Statuenpaaren gemeinsam ist, daß jeweils eine Figur einen Eigennamen trägt. Dabei läuft die Bezugslinie überkreuz: die östliche Figur vor dem 1. Pylon heißt Ramses ḥqꜣ tꜣ.wj die westliche im 1. Hof Ramses Rʿ nj ḥq3.w[12].

Die Sitzfiguren im 1. Hof sind wohl zusammen mit dem Figurenpaar 6 + 7 zu sehen, denn nur sie haben die Gemeinsamkeit der Basisdekoration: die Sitzfiguren wie auch die Statue 6 zeigen an der Basisvorderseite den Iunmutef-Priester im Opfer für den Ka des Königs[13] (die von 7 ist gänzlich korrodiert).

Dieses Statuenpaar 6 + 7 hat wiederum engen Bezug zu den beiden Obelisken. Zunächst zeigen ihre Rückenpfeilerinschriften, wie auch die der anderen

12 L. Habachi, Features of Deification of Ramesses II, ADAIK 5, 1969, 18f.
13 R. A. Schwaller de Lubicz, Le temple de l'home II, Paris 1958, Tf. 46 C.

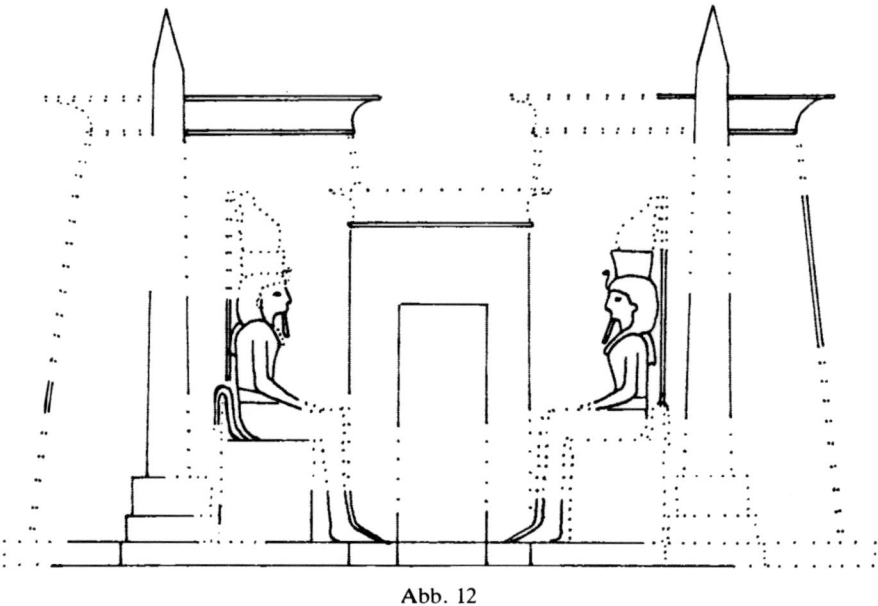

Abb. 12

originalen Ramses II.-Standfiguren im Hof das gleiche Beschriftungsschema (Abb. 6) wie die Inschriften der beiden Obelisken[14]. Bei den Figuren 6 + 7 stimmen darüber hinaus einzelne Textpassagen wörtlich mit den Inschriften der Oberlisken überein.

Möglicherweise haben die 2 Sitz- und 2 Standfiguren (A, B und 6 + 7) anfänglich nicht allein im Hof gestanden. Denn auch das Statuenpaar 9 + 10, heute auf der Ostseite des Hofes, zeigt in den Rückenpfeilerinschriften wörtliche Zitate der Texte von Nr. 6 + 7 und von den beiden Obelisken. Sie standen deswegen ursprünglich wahrscheinlich nicht an der heutigen Stelle, sondern beiderseits der Mittelgruppe und bildeten gemeinsam mit den Figuren 6 + 7 das Gegenüber zu den beiden Obelisken (Abb. 13). Bei dieser Anordnung stellten die 4 Standfiguren für sich eine Einheit dar. Die Verteilung der Kronen zeigt ein klares Ordnungsschema: die beiden Sitzfiguren mit Doppelkrone und Kopftuch, die inneren Standfiguren mit der Weißen Krone, die äußeren Figuren wieder mit Doppelkrone und Kopftuch (Abb. 14). Ihre Rückenpfeilerinschriften sind so aufeinander abgestimmt, daß in ihren insgesamt 8 Kolumnen sämtliche 5 Königsnamen Ramses' II. mit ihrer Titulatur vorkommen: am Anfang der Zeile jeweils der Horus-, nb.tj-, Goldhorus- und njswt-bjt-Name, am Ende der Zeile jeweils der s^{3}-R'-Name.

---

14 Kitchen, ram. insc. II, 598 ff.

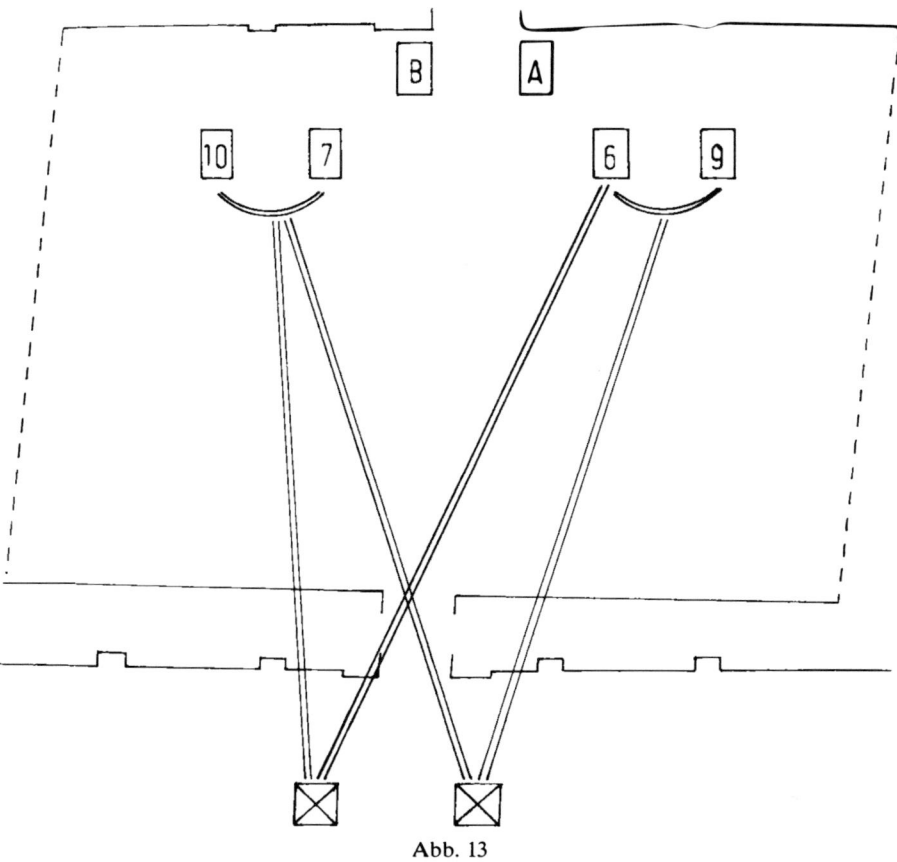

Abb. 13

Die 4 Standfiguren waren mit ihrem Rückenpfeilerinschriften auf den Prozessionsweg ausgerichtet. Während die Inschriften des mittleren Statuenpaares zum Tempeleingang hin orientiert sind, blicken die Rückenpfeilerinschriften des äußeren Paares nach Westen (Abb. 14). Diese uneinheitliche Orientierung erklärt sich aus dem Verlauf des Prozessionsweges und seiner Bezugnahme auf die Tempelseiten, die in der großen Kolonnade südlich des 1. Hofes erkennbar wird; dort zeigen die Reliefs auf der Westwand den Einzug der Prozession in den Luxortempel, während der Auszug aus dem Tempel auf der Ostseite dargestellt ist[15]. Nr. 9 war, so gesehen, die erste Statue, die mit dem Prozessionszug in Berührung kam, Nr. 10 nahm bei ihrem Auszug teil.

Die ramessidische Anlage zeigte zur Zeit der Weihung des Tempels im Jahr 3

---

15 Walther Wolf, Das schöne Fest von Opet, Leipzig 1931, S. 4ff.

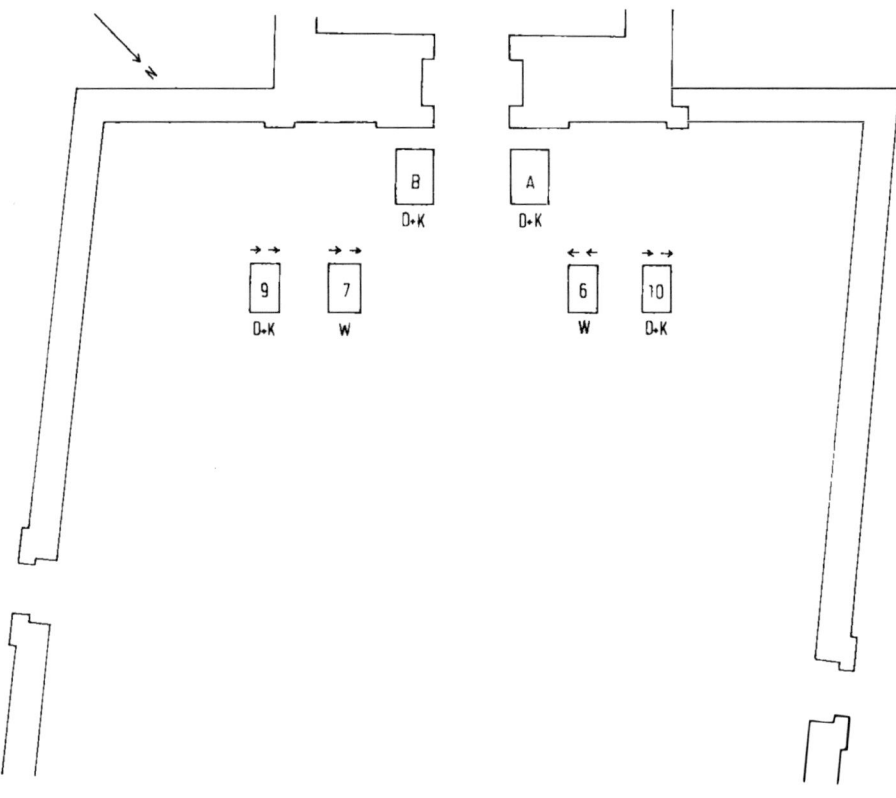

Abb. 14

noch keineswegs ihre heutige Gestalt. So können erst Jahre später die Darstellungen von den Syrienfeldzügen, die gegen Ende seiner ersten Regierungsdekade stattfanden, an der Außenseite der westlichen Hofwand angebracht worden sein. In diesem Zusammenhang könnte die Aufstellung der Statuen Nr. 3 + 4 erfolgt sein, die den König als großen Kriegsherrn rühmen und deswegen auf der Westseite des Hofes in unmittelbarer Nähe zu den Kriegsdarstellungen ihren Platz fanden.

Das Statuenpaar Nr. 3 + 4 zeigt 1 Figur in schwarzem und 1 Figur in rotem Granit. Stilistisch sind beide unterschiedlich gestaltet. Während die Figur aus Rosengranit den anderen 4 Figuren Ramses' II. aus diesem Material ähnelt, läßt sich die schwarze Figur mit den Sitzfiguren aus ebenfalls schwarzem Granit im 1. Hof vergleichen. Die Statue Nr. 3 fällt aber nicht nur wegen ihres besonderen Materials auf, sondern auch wegen der innerhalb der Standfiguren ungewöhnlichen, nach außen gerichteten Orientierung der Inschriften auf dem Rückenpfeiler (Abb. 10). Möglicherweise hatte die Figur früher einen anderen Platz gehabt und wurde hier in den Interkolumnien neu aufgestellt. Zu dieser schon vorhandenen Figur wurde die Nr. 4 hinzugefügt und der Rückenpfeilertext mit der für das Kultgeschehen passenden Schriftorientierung z. T. wörtlich von Nr. 4 übernommen.

Die Aufstellung der beiden Figuren 3 + 4 erforderte eine erneute Umgestaltung des Statuenschmuckes im 1. Hof. Durch die Verschiebung des Schwergewichtes auf die Westseite mußten die Nr. 9 + 10 aus ihrer Position auf der Südseite an die Ostseite des Hofes gerückt werden, den neuen Standfiguren Nr. 3 + 4 direkt gegenüber (Abb. 9). Die Verteilung der Kronen bildete auch bei dieser Anordnung optisch eine Einheit.

Für die Gruppe der von Ramses II. usurpierten Figuren läßt sich der Zeitpunkt der Aufstellung leichter fassen: ihnen gemeinsam ist außer den oben beschriebenen technischen, ikonographischen und stilistischen Merkmalen und dem einheitlichen Beschriftungsschema die ausschließliche Verwendung der Namensform *R'-ms-sw,* während die Ramses II.-Figuren in den Rückenpfeilerinschriften die Form *R'-ms.s* zeigen. Da *R'-ms.s* als ältere Namensform in Theben bis zum Jahr 21 verwendet und dann durch die jüngere Namensform *R'-ms-sw* abgelöst wurde[16], können die usurpierten Figuren also erst nach dem Jahr 21 beschriftet und in das schon bestehende Statuenensemble eingefügt worden sein.

Der Zeitpunkt der Aufstellung läßt sich noch genauer eingrenzen: bei der Figur Nr. 2, 8 und 11 kann man am oberen Bruchrand des Rückenpfeilers noch den Rest des Horusnamens *Ḥr k3 nḫt mrj M3't nb hb.w sd mj jt.f Ptḥ-Tnn* erkennen, eine zusätzliche Namensform, die Ramses erst mit seinem 2. Regierungsjubiläum im Jahr 33 angenommen hat[17]. Dieser Name, ebenso wie auch die Namensform *R'-ms-sw,* ist auch auf der vor dem 1. Pylon noch aufrechtstehenden Statue erkennbar, die ja zu der von Amenophis III. usurpierten Gruppe gehört (s. o.). Die usurpierten Figuren können also sogar erst ab dem Jahr 33 errichtet worden sein.

Wenn das 2. Sedfest im Jahr 33 so bedeutend war, daß Ramses sich sogar eine neue Namensform gab, könnte dies auch der Anlaß gewesen sein, den Statuenschmuck in seinem Tempeltrakt zu erweitern.

Die Figuren Amenophis' III. wurden im 1. Hof wie Eckpfeiler in die noch freien Interkolumnien gestellt. Durch ihre Tracht und Haltung fügten sie sich gut in das schon bestehende Statuenensemble ein. Ihre neugeschaffenen Rückenpfeilerinschriften nehmen jeweils Bezug auf die Gottheit, die in den in

---

16 LdÄ V, 110, Anm. 1; zuletzt dazu F. Yurco, in: Dossier histoire et archeologie Nr. 101, Jan. 1986, 39 f.
17 LdÄ V, 111, Anm. 2.

direkter Nähe des neuen Königsbildes befindlichen Wandbildern eine Rolle spielt. Nr. 11 nennt Min-Amun und steht mit dem Rücken zur Ostwand mit der Darstellung eines Opfers für Min. Die Eckfiguren Nr. 5 und 8, die mit dem Rücken zum Tempelinnern stehen, nennen Amun-Re, den Gott, dem die Prozession gilt. In der Inschrift der Figur Nr. 1 wird Ramses in Bezug zum Kriegsgott Month gebracht, der auf der Außenseite der Westwand im Zusammenhang mit den Syrienfeldzügen erwähnt wird.

Gleichzeitig mit deren Aufstellung im Hof erfolgte auch vor dem 1. Pylon die Errichtung der Standfigur Nr. 12 und damit sicher gleichzeitig die Aufstellung der 3 anderen Standfiguren, die auf dem Relief auf der westlichen Südwand des 1. Hofes gemeinsam mit den beiden Obelisken und den Sitzfiguren dargestellt sind (Abb. 11).

Der Zeitpunkt des 2. Sedfestes läßt sich auch mit der Nennung der verschiedenen Königinnen in Einklang bringen, die an den usurpierten Königsstatuen dargestellt sind. Während die Ramses II.-Figuren ausschließlich die Nefertari als große königliche Gemahlin nennen, kommt bei den 5 nachträglich im Hof aufgestellten Figuren 2× die Bintanat und 2× die Meritamun vor. Auch die Standfigur vor dem 1. Pylon zeigt Meritamun als Gemahlin (Abb. 2). Nefertari, die im Jahr 33 nicht mehr lebte, wird dagegen nur einmal an der Statue Nr. 8 genannt; sie scheint zumindest in der Erinnerung noch lebendig gewesen zu sein[18].

Bei der Neugestaltung des Statuenschmucks im ramessidischen Tempelteil wurden auch die Obelisken vor dem 1. Pylon in das neue Statuenprogramm mit einbezogen. Yurco hat darauf hingewiesen, daß die Obelisken eine Überarbeitung erfahren haben[19]. Bei günstigem Licht kann man erkennen, daß die Außenspalten abgearbeitet und neu beschriftet worden sind. Während in den unangetasteten Mittelzeilen der Königsname in der frühen Form R'-$ms.s$ zu finden ist, zeigen die überarbeiteten Seitenspalten die oben aufgeführten sprachlichen Merkmale der usurpierten Standfiguren: grundsätzlich den Namen R'-ms-sw, in einem Fall sogar den Horusnamen in seiner erweiterten Form. So können auch sie frühestens anläßlich des 2. Sedfestes überarbeitet worden sein.

---

18 Kitchen, Pharaoh triumphant, Warminster 1982, S. 100.
19 F. Yurco, a. a. O.

STEFFEN WENIG

STRUKTUR UND KONZEPTION DES LÖWENTEMPELS
VON MUSAWWARAT ES SUFRA UND DAS PROBLEM EINER
KLASSIFIKATION KUSCHITISCHER SAKRALBAUTEN

I

Während der im Frühjahr 1958 von der Humboldt-Universität zu Berlin durchgeführten Butana-Expedition, einem Survey zur Besichtigung und Erkundung von Altertumsstätten in der Butana, entschloß sich deren Leiter Fritz Hintze zur Ausgrabung des Platzes von Musawwarat es Sufra. Dessen Hauptkomplex ist die sog. Große Anlage, ein ausgedehntes architektonisches Areal mit zahlreichen großen Höfen, drei Tempeln, die z. T. auf Terrassen liegen, langen Gängen und diversen Räumen. Reliefschmuck findet sich nur an wenigen Stellen, so vornehmlich auf einigen Säulen vor dem Zentraltempel der Großen Anlage.

Das Ziel der ersten beiden Ausgrabungskampagnen in Musawwarat war aber nicht die Große Anlage, sondern ein kümmerlich anmutender, stark zerfallener Tempel, den schon die frühen Reisenden F. Cailliaud und L.-M.-A. Linant de Bellefonds beschrieben haben und der seit C. R. Lepsius als „Südost-Tempel" bekannt ist[1]. Nur wenige Teile der Reliefs auf Innen- und Außenwänden sowie auf den stark in Mitleidenschaft gezogenen sechs Säulen des einräumigen, mit seinem Eingang nach Südosten orientierten Baues waren sichtbar; sie wurden vor allem von den Zeichnern der Preußischen Expedition kopiert und in Lepsius' Denkmälerwerk publiziert[2].

Als 1960 die Freilegung dieses Gebäuderestes begann, stellte sich zur großen Überraschung heraus, daß der größte Teil der Außenwände – das Gebäude ist in der sog. Zweischalenbauweise errichtet worden – vermutlich durch Nachgeben der Fundamente nach außen umgefallen war. Sofern nicht zum Zeitpunkt des plötzlich erfolgten Einsturzes bereits Schäden an den oberen Teilen der Innen- und Außenwände aufgetreten waren, lagen alle Blöcke mit der Reliefseite nach unten weitgehend im Verband und wurden später von

---

1 Siehe PM VII, 265 ff.
2 LD V, 73–75.

Sand bedeckt, so daß sie auf diese Weise außerordentlich gut geschützt waren.

Das reichhaltige Reliefmaterial gestattete später (1969–1970) den Wiederaufbau dieses nunmehr besterhaltenen Tempels aus der frühmeroitischen Epoche. Von der ursprünglichen Reliefdekoration der Außenwände ohne die völlig zerstörten Pylone sind etwa 85–90% erhalten, von den Reliefs auf den Innenwänden etwa 60–65%. – Noch vor dem Wiederaufbau wurden die Reliefs zeichnerisch zusammengesetzt, so daß bereits 1971 der große Tafelband mit den Darstellungen auf Wänden und Säulen dieses dem meroitischen Kriegsgott Apedemak geweihten Tempels erscheinen konnte[3].

Die Reliefs liefern uns eine Fülle von Informationen, von denen die wichtigsten genannt seien: Die Inschriften – sie waren nur auf den Außenwänden reliefiert, während sie im Innern auf den Stucküberzug geschrieben wurden und mit Vergehen des Stuckes verschwanden – sind ägyptisch abgefaßt und gehören in die frühptolemäische Zeit. Sie nennen neben dem Tempelherren Apedemak auch den Erbauer, König Arnekhamani, dessen Namen man bis dahin nur von einer Bronzeaegis aus Kawa kannte. Aufgrund von Namenszusätzen läßt sich Arnekhamani nunmehr recht sicher in das späte dritte Jh. v. u. Z. datieren, da er Zeitgenosse von Ptolemaios III. und IV. gewesen sein muß (die von Hintze mit 235–218 gegebenen Daten dürften relativ genau sein). Die von G. A. Reisner für jene Periode einst angenommene Spaltung des meroitischen Königshauses ist damit unwahrscheinlich geworden. Das Grab des Königs muß auf dem Pyramidenfriedhof von Meroe (Begrawiya Nord) gesucht werden (vermutlich Beg. N. 53).

Der dargestellte Prinz heißt Irkj/Arka, was Hintze für eine Kurzform des gut bekannten Königsnamens Ergamenes (II.) hält. – Die erwähnten Ortsnamen Aborepe und Tolkte sind ziemlich sicher als Musawwarat und Naqa zu identifizieren. Hymnenartige Beischriften zu den dargestellten Gottheiten sind frühptolemäische Fassungen zumeist aus Philae und künden von den engen Beziehungen Meroes und Ägyptens in dieser Zeit.

Daß derart weit südlich auch Arensnuphis (*Irj-ḥms-nfr*) vorkommt, der sonst nur in Philae und dem Dodekaschoinos belegt ist, war eine überraschende Neuigkeit. – Zum ersten Mal begegnen wir einem bis dahin unbekannten meroitischen Gott namens Sebiumeker, der sowohl als Schöpfergott als auch als Ortsgott von Musawwarat angesprochen wird. Dabei sei angemerkt, daß Arensnuphis und Sebiumeker häufig zusammen dargestellt wurden, entweder als Statuen oder im Relief. Bei diesem paarhaften Auftreten im

---

[3] F. Hintze et al.: Musawwarat es Sufra I.2. Der Löwentempel. Tafelband. Akademie-Verlag Berlin 1971.

Eingangsbereich von Tempeln ist – von vorn gesehen – Sebiumeker stets rechts und Arensnuphis stets links zu finden, woraus ich den Schluß zog, daß beide Götter die Funktion von Tempelschutzgottheiten besaßen, wobei jeder Gott für eine bestimmte Tempelseite zuständig war[4].

Damit begegnen wir einer gewissen Zweiteilung des Tempels, die auch auf andere Weise zu erkennen ist. Auf der südlichen Außenwand des Apedemaktempels von Musawwarat sind nur männliche Gottheiten dargestellt (Apedemak, Amun, Arensnuphis, Sebiumeker, Horus und Thot), auf der nördlichen Außenwand dagegen vier Götterpaare (Apedemak, Thot, Amun und Horus jeweils mit ihren Gefährtinnen). In dem etwa 250 Jahre jüngeren, sehr gut erhaltenen Apedemaktempel von Naqa[5], der in der 1. Hälfte des 1. Jhs. u. Z. von König Natakamani und der Kandake Amanitore erbaut wurde, finden wir auf der südlichen Außenwand männliche Gottheiten und konsequent dazu auf der nördlichen Außenwand weibliche Gottheiten. Auf dem südlichen Pylon jenes Baues ist der König, auf dem nördlichen Pylon dagegen die Kandake dargestellt. Beide Tempel scheinen also entlang der Mittelachse in eine männliche und eine weibliche Seite geteilt worden zu sein. Daß dieses Prinzip in Musawwarat (auf den Pylonen waren vermutlich die Götter Arensnuphis und Sebiumeker dargestellt) noch nicht in solcher Reinheit wie in Naqa vorkommt, mag daran liegen, daß man wohl erst in der frühmeroitischen Periode damit begonnen hat, den einheimischen Gottheiten Tempel zu errichten und daß damals noch gewisse Unsicherheiten in der Dekoration solcher Tempel bestanden, die später nicht mehr auftraten. Diese Unsicherheiten zeigen sich auch bei der Gestaltung der Innenwände in Musawwarat.

Während die Dekoration der äußeren Längswände sowohl in Musawwarat als auch in Naqa aus einem durchgehenden Darstellungsstreifen besteht – in Musawwarat stehen König und Prinz vor Göttern bzw. Götterpaaren, in Naqa König, Kandake und Prinz vor Göttern bzw. Göttinnen –, ist die westliche Außenwand in Musawwarat anders gestaltet: zwei antithetisch angeordnete Szenen zeigen jeweils den König vor dem Schöpfergott Sebiumeker (nördliche Hälfte) bzw. vor dem Kriegsgott Apedemak (südliche Hälfte). Unter diesen Szenen befindet sich jeweils ein schmaler Bildstreifen: unter der Sebiumeker-Szene sind Anch-Zeichen zu sehen, unter der Apedemak-Szene Kriegselefan-

---

[4] St. Wenig: Arensnuphis und Sebiumeker. Bemerkungen zu zwei in Meroe verehrten Göttern, in: ZÄS 101, 1974, 130–150.

[5] I. Gamer-Wallert: Der Löwentempel von Naq'a in der Butana (Sudan) III. Die Wandreliefs (Text und Tafeln), Wiesbaden 1983.

ten und Gefangenendarstellungen. So scheint auf der äußeren Rückwand eine weitere Zweiteilung (Frieden/Schöpfung – Krieg/Kampf) vorzuliegen[6].

Ganz anders sind in beiden Tempeln die Innenwände gestaltet, denn dort ist die Dekoration in einzelne Szenen aufgeteilt: die inneren Westwände enthalten zwei, die inneren Längswände drei Szenen. Musawwarat macht hier insofern auch wieder eine Ausnahme, als auf der nördlichen Innenwand vier Szenen (anstelle der gegenüberliegenden drei) zu finden sind. Diese Szenen halte ich für eine verkürzte Darstellung des Kultablaufes, wie er für Apedemaktempel anscheinend notwendig war[7].

Die Anordnung der Szenen im Apedemaktempel von Musawwarat es Sufra, von denen jede den König Arnekhamani vor bestimmten Gottheiten zeigt, ist hinsichtlich der Wiedergabe des Kultablaufes als auch der Repräsentanz bestimmter Gottheiten recht aufschlußreich. Alle hintereinander angeordneten Szenen auf den drei in Frage kommenden Wänden müssen in einer bestimmten (nicht sogleich ersichtlichen) Reihenfolge „gelesen" werden. Die folgenden, hier nur sehr kursorisch mitgeteilten Fakten und Erkenntnisse sind das Resultat einer eingehenden ikonographischen Untersuchung[8].

Auf der südlichen (links vom Eingang liegenden) Wand ist in Szene 1 der Tempelherr Apedemak dargestellt, in Szene 2 sehr wahrscheinlich der Ortsgott von Musawwarat Sebiumeker und in Szene 3 der thronende Amun. – Auf der nördlichen (rechts vom Eingang liegenden) Innenwand ist in Szene 1 der Gott Amun zu sehen, in Szene 2 faßt ein nicht zu identifizierender Gott den König am Ellenbogen, wobei sich die Füße von König und Gott leicht überschneiden, in Szene 3 sehen wir den Tempelherrn Apedemak und in Szene 4 steht der König zwischen zwei Gottheiten, wobei er wiederum am Ellenbogen berührt wird.

Dieses Berühren des Ellenbogens des Königs durch einen Gott drückt sicher die Erwählung aus, die also in der 2. Szene erfolgt. In der 4. Szene findet sich zwar auch dieses Motiv, aber da sich hier die Füße von König und Gott viel stärker überschneiden als in Szene 2, ist diese Handlung wesentlich „intimer"

---

6 In Naqa sind auf der äußeren Westwand die beiden Szenen zu einer einzigen vereint: der Bildstreifen zeigt in der Mitte den mehrköpfigen und mehrarmigen Apedemak, im Norden Kandake und Prinz, in Süden König und Prinz.
7 In jedem Tempel kommt dazu ein durchgehender Bildstreifen, der in Musawwarat unterhalb, in Naqa oberhalb der genannten Szenen zu finden ist.
8 Innerhalb der Publikation F. Hintze et al.: Musawwarat es Sufra, I,1: Der Löwentempel, Textband; im Druck.

als die Erwählung. Ich möchte hier eine Krönung annehmen, zumal der König bereits erwählt ist[9].

Auf der inneren Westwand steht der König in der südlichen Szene vor einem nur sehr fragmentarisch erhaltenen sitzenden Gott, den ich wegen des *vor* den Beinen herabfallenden Tierschwanzes (dies scheint eine ikonographische Besonderheit im Meroitischen zu sein) als Amun identifizieren möchte, in der nördlichen Szene dagegen vor dem Tempelherrn Apedemak.

Die auf den ersten Blick recht willkürlich anmutende Szenenanordnung ist aber ganz systematisch aufgebaut. Da Apedemak der Tempelherr ist, müssen wir annehmen, daß er in diesem Gebäude den Vorrang vor Amun hat. So ist die Szene 1 auf der südlichen Innenwand sicher als Anfang des (symbolischen) Kultverlaufes anzusehen; vermutlich wird dann in Szene 1 der gegenüberliegenden Wand Amun begrüßt. Interessanterweise erscheint Amun dann wieder in der 3. Szene der südlichen Innenwand und Apedemak in der 3. Szene der nördlichen Innenwand. Das sieht doch so aus, als wenn versucht worden wäre, durch die Überkreuzstellung von Apedemak und Amun ein Gleichgewicht zwischen beiden Göttern herzustellen. Auf dieses Gleichgewicht deutet auch die Hintereinanderfügung der beiden Szenen auf der inneren Westwand, die in den Kultablauf einzubeziehen sind[10]. Szene 2 der inneren Westwand mit Apedemak stellt den Gipfel- und Höhepunkt des Kultverlaufes dar.

Daß Apedemak als Tempelherr am Anfang und am Ende des Kultweges erscheint, ist nicht weiter verwunderlich, viel erstaunlicher ist die Tatsache, daß Amun gleich in der 1. Szene der nördlichen Innenwand, dann in der 3. Szene der südlichen Innenwand und schließlich in der vorletzten Hauptszene auf der Westwand erscheint, also insgesamt genauso häufig wie Apedemak[11]. Er ist aber auch auf den Längswänden und mehrfach auf den Säulen dargestellt. So erhebt sich die Frage, warum Amun derart häufig auch an exponierter Stelle in einem Tempel erscheint, der nicht ihm geweiht ist. Ich kann zwar noch keine eindeutige Antwort darauf geben, mir scheint aber, daß Amun nicht nur der Hauptgott im meroitischen Pantheon war, sondern vielleicht auch so etwas wie ein „oberster Kultherr", den man auch in solchen Tempeln darzustellen

---

9 Die Folge der Szenen 2 und 4 der nördlichen Innenwand steht sicher in einem engen Bezug zur göttlichen Geburtslegende, die ja auch noch in Meroe ihre volle Bedeutung besaß, wie Darstellungen auf einigen Siegelringen des aus der Pyramide Beg. N. 6 aufgefundenen Goldschatzes der Königin Amanishakheto (sog. Ferlini-Schatz) beweisen.

10 Eine antithetische Anordnung der Szenen wie auf der äußeren Westwand würde wohl eher unseren Erwartungen entsprechen.

11 Auch hier bietet sich natürlich ein Vergleich mit dem Apedemaktempel von Naqa an. Er ist regelmäßiger als der Musawwarat-Tempel aufgebaut und zeigt Amun noch häufiger. Eine Untersuchung dieses Problemkomplexes steht noch aus.

hatte, die nicht primär für seinen Kult bestimmt waren. Eine Untersuchung der Rolle des Amun im meroitischen Pantheon ist dringend erforderlich.

In den hypothetischen Kultablauf sind mindestens noch zwei Säulenszenen mit einzubeziehen, und zwar auf den beiden hintersten Säulen (3 + 4)[12]. Auf Säule 4 gibt es eine Szene, die zwei sich gegenüberstehende Könige zeigt. Beide haben ihre Mäntel geöffnet, sind ähnlich gewandet und tragen identischen Kopfschmuck, sie unterscheiden sich nur durch zwei Details: der eine König ist barfuß und hält ein Was-Szepter in der Hand, beides sonst nur Kennzeichen von Göttern. Das kann m. E. nur bedeuten, daß dieser König als verstorben und vergöttlicht angesehen wurde. Das Öffnen der Mäntel möchte ich so deuten, daß hiermit die Übergabe der Mächtigkeit und des Herrscheramtes vom Vorgänger auf den Nachfolger ausgedrückt ist. Diese Szene ist im Kultablauf nach der Erwählung und der Krönung des Königs anzuordnen. Auf Säule 3 schließlich steht der König vor einem Schrein, auf dem das Bild eines liegenden Löwen zu sehen ist, daneben eine Stele. Das scheint die Wiedergabe des kultischen Höhepunktes zu sein, nämlich die Opferhandlung des Königs vor dem Bild des in diesem Heiligtum verehrten Gottes.

Insgesamt läßt sich sagen, daß die Darstellungen auf den Innenwänden ganz andere Aufgaben besaßen als die der Außenwände. Während die äußeren Darstellungen wohl religionspropagandistische Zwecke zu erfüllen hatten, stellen die Bilder im Innern den notwendigen, wenn wohl auch nur gedachten Kultverlauf dar. Zu einer praktischen Durchführung größerer Kulthandlungen war nicht genügend Platz vorhanden.

II

Nachdem die Untersuchung der Reliefs vom Apedemaktempel in Musawwarat soweit abgeschlossen war, führte ich auf Anregung von F. Hintze eine spezielle Untersuchung der Götterdarstellungen durch, wobei numerische Methoden zur Anwendung kommen sollten.

Dabei galt das Hauptaugenmerk den Attributen der Gottheiten, denn es sollten folgende zwei Fragen beantwortet werden:

1. Lassen sich die Gottheiten aufgrund ihrer Attribute zu Gruppen zusammenfassen?
2. Gibt es eine Hierarchie der Attribute, d. h kann man feststellen, welche

---

12 Vermutlich müssen Szenen von allen sechs Säulen in den Kultablauf einbezogen werden, aber eine entsprechende Untersuchung ist noch nicht durchgeführt worden.

Attribute zur Charakterisierung der Gottheiten Vorrang vor anderen haben?

Aus dieser Fragestellung geht schon hervor, daß es sich im Wesentlichen um ein Problem der Klassifikation (auch Taxonomie oder Clusteranalyse genannt) handelt. Wie überall mußte auch hier eine bestimmte Zahl von Arbeitsschritten durchlaufen werden:

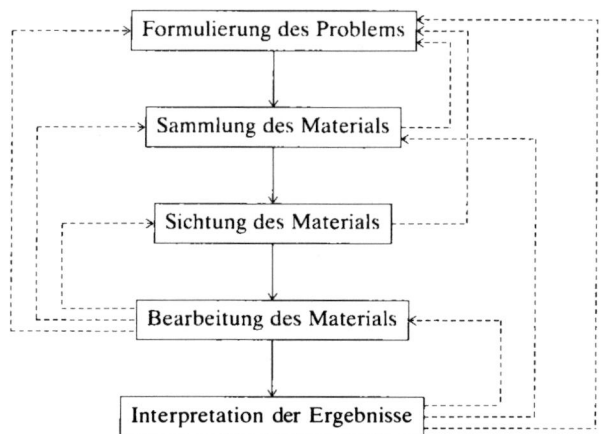

Zwischen diesen Schritten gibt es verschiedene Rückkoppelungen, so daß der Prozeß insgesamt ein komplizierter ist.

Nach der bereits genannten *Formulierung des Problems* folgte also die *Sammlung des Materials*. Auf den drei Außenwänden des Apedemaktempels von Musawwarat finden sich 16 Götterdarstellungen, auf den Innenwänden 26 und auf den Säulen mindestens 49. Von diesen ca. 90 Darstellungen sind aber viele aufgrund des unvollständigen Erhaltungszustandes nicht zu verwenden (kann über ein bestimmtes Attribut, zukünftig Merkmal genannt, keine exakte Auskunft gegeben werden, muß dieses Merkmal unberücksichtigt bleiben), so daß nur 46 Darstellungen (zukünftig Individuen genannt) übrigblieben, die durch ihre Merkmale beschrieben werden. Der Prozeß der Auswahl von Individuen und Merkmalen läuft synchron. Während die Bestimmung der Individuen ein objektiver Vorgang ist, bleibt die Auswahl der Merkmale beliebig, ist also subjektiv. Ich habe mich auf solche Merkmale beschränkt, die ich für signifikant halte, also z. B. Kronen, Gewänder und in der Hand gehaltene Gegenstände.

Man beginnt mit einer Urliste und überträgt diese auf Rohdatentabellen, wobei die Individuen am linken Rand der entstehenden Matrix, die Merkmale an ihrem oberen Rand eingetragen werden. Da es sich um dichotomes Material handelt, genügt zur Kodierung eine „1" für *vorhanden* und eine „0" für *nicht vorhanden*. An dieser Stelle hatte ich mich entschlossen, Götter und Göttinnen getrennt zu untersuchen, da auf diese Weise die beiden Ausgangsklassen homogener werden und z. B. typisch weibliche Merkmale bei den Göttern und männliche Merkmale bei den Göttinnen unberücksichtigt bleiben können, wodurch das Ganze überschaubarer wird.

Die *Sichtung des Materials* bedeutet die Tilgung von Redundanzen. Das sind z. B. identische Darstellungen von zwei oder mehr Individuen. Beläßt man diese in der Matrix, wird ihnen ein unzulässiges Schwergewicht gegeben. – Außerdem muß man bei der Redundanzprüfung auf solche Spalten achten, in denen nur „Einsen" oder nur „Nullen" vorkommen; sie sind zu tilgen, denn z. B. trägt ein überall vorhandenes Merkmal nicht zur Unterscheidung bei, seine Verwendung ist deshalb (für unseren Zweck) sinnlos. – Sind zwei oder mehr Spalten identisch, bedeutet dies, daß zwei (oder mehr) Merkmale korreliert sind, wie z. B. Löwenkopf und Hemhem-Krone (des Apedemak), die (bei diesem Tempel) nur gemeinsam auftreten. Man muß das korrelierte Merkmal aus der Matrix nehmen, aber beim verbleibenden Merkmal notieren, mit welchem(n) anderen es korreliert ist. – Und schließlich ist auf sog. Inversionen, oder Komplementärereignisse, zu achten; das sind jene Fälle, wo ein Merkmal überall dort auftritt, wo ein anderes fehlt (z. B „männlich" und „weiblich"). Eines dieser Komplementärereignisse ist zu tilgen, anderenfalls treten Verfälschungen im Ergebnis auf[13].

Nun kann die *Bearbeitung des Materials* beginnen. Die Wahl des Verfahrens richtet sich nach bestimmten Voraussetzungen. Da es bei dem gestellten Problem auf eine Klassifizierung der Individuen und eine Hierarchie der Merkmale ankam, mußte ein hierarchisches Klassifizierungsverfahren gewählt werden. Von diesen gibt es zwei Arten, die agglomerativen, die die Hierarchie von unten nach oben durch Vereinigung von Individuen, die sich sehr ähnlich sind, aufbauen, und die divisiven, die die Ausgangsklasse aufgrund eines zu ermittelnden Trennungsmerkmals in Unterklassen aufteilen. Durch weitere Teilung gelangt man schließlich zur gewünschten Hierarchie.

Es wurde ein divisives Verfahren für die Bearbeitung des Materials gewählt, von denen zwei in der Literatur bekannt sind, die Merkmals-Assozia-

---

13 Nur bei einer kleinen Matrix wird man dies alles per Hand (mit einem Taschenrechner) machen können. Es empfiehlt sich deshalb der Einsatz eines Computers, wobei bereits Pocket Computer gute Dienste leisten, doch wird man heute eher mit Mikrocomputern arbeiten. Da Redundanzprüfungsprogramme m. W. bisher nicht im Handel erhältlich sind, muß man diese selber entwickeln. Sie sollten stets vor alle Bearbeitungsprogramme geschaltet werden.

tionsanalyse nach Williams und Lambert[14] und die Informationsanalyse nach Lance und Williams[15]. Von ersterem liegen reichlich Erfahrungen vor, jedoch nicht vom zweiten, das aber alle notwendigen Vorraussetzungen erfüllt:

a. Es ist für binäre Merkmale geeignet,
b. verlangt die sog. R-Technik[16],
c. benötigt keine Umwandlung der Ausgangsdaten in Ähnlichkeits- oder Distanzmaße, wie es die agglomerativen Verfahren fordern, was die Arbeit vereinfacht,
d. erzeugt eine Hierarchie der Merkmale,
e. ermöglicht die Behandlung der entstehenden Untergruppen als Ausgangspunkt für weitere Untersuchungen, was bei agglomerativen Verfahren nicht der Fall ist.

Das Resultat beider Untersuchungen[17,18] war höchst überraschend, so daß die *Interpretation der Ergebnisse* zweifellos der wichtigste Schritt der gesamten Untersuchung war.

Die 31 aufgrund von 19 Merkmalen untersuchten *Götterdarstellungen* werden bei beiden Verfahren[19] durch das Merkmal WAFFEN geteilt, was nicht von vorherein zu erwarten war. Deshalb glaubten wir zuerst an einen Fehler in den Berechnungen, doch ist das Ergebnis endgültig. Dadurch werden z. B. die einbezogenen Apedemakdarstellungen auf zwei Untergruppen verteilt: eine Darstellung, und zwar die von der nördlichen Außenwand, fällt in die Gruppe, bei der das Merkmal Waffen fehlt, alle anderen Darstellungen fallen in die Untergruppe der Götter mit Waffen.

Nach einer gemeinsamen Diskussion mit F. Hintze ergibt sich folgendes Bild: Der Apedemak ohne Waffen auf der nördlichen Außenwand wird hier

---

14 P. H. A. Sneath and R. R. Sokal: Numerical Taxonomy. The principles and practice of numerical classification, San Francisco 1973, 203.
15 G. N. Lance and W. T. Williams: Note on a new information-statistic classificatory program, Computer Journal 11, 1968, 195.
16 Von der R-Technik spricht man, wenn man die Merkmale miteinander vergleicht. Beim Vergleich aller Individuen miteinander spricht man von der Q-Technik.
17 Eine ausführliche Darstellung der Untersuchung und der angewandten Verfahren findet sich in St. Wenig: Klassifikation und Archäologie. Eine taxonomische Studie zu den Darstellungen der Gottheiten am Löwentempel von Musawwarat es Sufra, Wiss. Zeitschrift der Humboldt-Universität zu Berlin, Ges. wiss. Reihe, 35. Jg. 1986, Heft 1, 95–108.
18 Die für die Durchführung der Untersuchungen notwendigen Programme hat F. Hintze für den Pocket Computer PC-1500 der Fa. Sharp entwickelt. Ich danke auch an dieser Stelle Herrn Hintze für die Überlassung dieser Programme.
19 Zur Sicherheit habe ich auch die Merkmals-Assoziationsanalyse angewandt, die im Wesentlichen dieselben Ergebnisse wie das informationsstatistische Verfahren erbrachte.

nicht als Kriegsgott, sondern als eine Art Schöpfergott angesprochen[20]. Betrachtet man nun alle Außendarstellungen im Zusammenhang, so ergibt sich, daß nicht nur die westliche Außenwand in die Gegensätze „Krieg – Leben" aufgeteilt ist, sondern die gesamte Außenseite des Tempels. Die südliche Hälfte ist dem Thema Krieg gewidmet, die nördliche dagegen dem Thema Schöpfung. Dabei sind auch die Darstellungen auf den beiden Pylontürmen mit einzubeziehen: auf dem südlichen ist die Darstellung eines Löwen wiedergefunden worden, auf dem nördlichen hat sich das einzigartige Bild eines Krokodils erhalten, dem das Maul zusammengebunden ist. Der Löwe symbolisiert demzufolge den Krieg/Kampf und das „pazifizierte" Krokodil die Schöpfung/den Frieden.

So haben wir neben der Zweiteilung des Tempels in einen männliche und eine weibliche Seite eine weitere, wobei die männliche gleichzeitig dem Krieg, die weibliche der Schöpfung entspricht.

Es bleibt aber unverständlich, warum der Jagdgott Arensnuphis als Tempelschutzgottheit stets rechts vom Eingang zu finden ist, der Schöpfergott Sebiumeker dagegen stets links vom Eingang[21,22]. Man würde eigentlich eine umgekehrte Aufstellung erwarten, wenn ein direkter Bezug zwischen den Tempelschutzgottheiten und dem Thema auf den äußeren Wänden bestände.

Auf den nächstniedrigeren Ebenen werden die entstandenen Gruppen durch solche Merkmale wie das Was-Szepter, verschiedene Kronen und die Kopfformen (menschenköpfig, widderköpfig, falkenköpfig) getrennt, so daß insgesamt eine sehr überzeugende Klassifikation der Götterdarstellungen entsteht.

Was die 15 aufgrund von 12 Merkmalen untersuchten *Göttinnendarstellungen* anlangt, so erfolgt die erste Teilung durch das Merkmal ISIS-HATHOR-KRONE. Dadurch fallen jene Göttinnen, die die Gefährtinnen von Apedemak

---

20 F. Hintze: Die Inschriften des Löwentempels von Musawwarat es Sufra. Abh. der Dt. Akademie der Wiss. Berlin, Kl. f. Sprachen, Lit. und Kunst, Jg. 1962, Nr. 1, 31.
21 Ich bin mir bewußt, daß die Wahl der Begriffe „links" und „rechts" nicht adäquat ist; sie kann nur eine vorläufige sein. Inwieweit die Begriffe „Kampf, Krieg" mit „Süden" und „Frieden, Schöpfung" mit „Norden" zusammenzubringen sind, muß weiteren Untersuchungen überlassen bleiben.
22 Solch eine Zweiteilung ist mir aus Ägypten unbekannt und findet sich auch nicht am Apedemaktempel von Naqa, ist also bisher einmalig. Dennoch muß man den engen Zusammenhang des Tempels von Musawwarat besonders mit dem zeitgenössischen Philae berücksichtigen. Möglicherweise findet sich eine solche oder entsprechende Zweiteilung auch bei ägyptischen Sakralbauten. Hier wären dringend geeignete Untersuchungen notwendig.

und Amun sind, in eine Gruppe, was genau dem entspricht, was oben über die Rolle dieser beiden Götter am Apedemaktempel von Musawwarat gesagt wurde. Andererseits scheinen alle Göttinnen, die besagte Krone tragen, Isis zu sein. Das unterstreicht die herausragende Rolle dieser Göttin im meroitischen Pantheon, sei es als Schutz- oder Königsgöttin oder als Gefährtin des Horus.

Zusammenfassend läßt sich zweierlei sagen: 1. Die Innen- und Außendarstellung des untersuchten Tempels unterscheiden sich deutlich voneinander und sind bis in die Einzelheiten hinein streng durchkomponiert, was auch für die Säulenszenen gelten dürfte, außerdem ist die Blickrichtungsregel strikt befolgt worden, so daß uns in den Darstellungen ein ausgefeiltes theologisches Konzept vorliegt. 2. Mit dieser numerischen Untersuchung sind Erkenntnisse gewonnen worden, die man auf andere Weise kaum so deutlich erlangt hätte. Damit konnte nachgewiesen werden, daß besagte Verfahren mit Erfolg durchaus auch auf kunsthistorisches Material angewendet werden können. Die Weiterführung solcher Untersuchungen an anderen – meroitischen und ägyptischen – Tempeln dürfte zweifellos aufschlußreich sein und weitere Einblicke in Tempelkonzepte und religiöse Vorstellungen liefern.

III

Ein Problem wesentlich allgemeinerer Art stellen die recht unterschiedlichen kuschitischen Tempel dar. Aus der meroitischen Periode gibt es zahlreiche Sakralbauten zwischen Unternubien und der Butana, von denen die eine Gruppe nur aus einem – manchmal unterteilten – Raum besteht, daneben aber werden bis in die spätmeroitische Zeit hinein Heiligtümer errichtet, die vom Grundriß her ägyptischen Mehrraumtempeln verpflichtet sind. Zweifellos dürften für den Gebrauch dieser sehr verschiedenartigen Typen tiefere Gründe vorliegen; ihnen auf die Spur zu kommen ist wiederum eine Frage der Klassifikation.

Einen ersten Versuch in dieser Richtung machte Ahmed Ali Hakem 1971 in seiner Dissertation[23], doch ist seine Einteilung in *Amuntempel* und *Löwentempel* zu vereinfachend, als daß sie allgemein akzeptiert werden konnte. In der Folgezeit habe ich mich mehrfach mit dieser Frage beschäftigt und dabei die Hypothese aufgestellt, daß die *Tempel mit einfacher Raumstruktur* für ein-

---

23 The Nature and Development of Meroitic Architecture, Cambridge. Unveröffentlicht.

heimische Gottheiten, *Tempel mit komplizierter Raumstruktur* dagegen für Gottheiten ägyptischen Ursprungs bestimmt waren[24].

Ausgangspunkt war dabei die Beobachtung, daß sowohl in der napatanischen als auch in der meroitischen Periode einige Tempel mit komplizierter Raumstruktur für die Gottheiten AMUN (Gebel Barkal [B. 500], Kawa [Tempel T], Sanam, Tabo, Meroe [M. 260] und Naqa), MUT (Gebel Barkal [B. 300]) und ISIS (Wad Ban Naqa) errichtet worden waren, während mehrere Tempel mit einfacher Raumstruktur für die Götter APEDEMAK (Meroe [M. 6], Musawwarat es Sufra, Naqa, Basa) und SEBIUMEKER (?, evtl. Musawwarat es Sufra [II A][25]) bestimmt waren.

Dabei ist allerdings zu beachten, daß die Tempel mit komplizierter Raumstruktur nicht einheitlich sind, sondern in zwei distinkte Gruppen zerfallen. Die eine folgt dem sog. klassischen ägyptischen Mehrraumtempel mit Festhof, Erscheinungssaal, Opfertischsaal, Barkenraum und Kultbildkammer[26], die andere hat drei Sanktuare, geht aber auch auf ägyptische Vorbilder zurück.

Der Schluß vom Bautyp auf die Herkunft der im entsprechenden Tempel verehrten Gottheit ist gewiß bestechend, man muß sich aber – sollte sich die These bestätigen – die Frage stellen, warum dem so ist. Bevor ich jedoch darauf eingehe, soll geprüft werden, wie weit die Hypothese überhaupt berechtigt ist bzw. aufrechterhalten werden kann. Denn betrachtet man sich die Materiallage, so wissen wir von mehr als 70 Tempeln nur bei 13 mit Sicherheit, wem sie geweiht waren. Alles weitere ist bisher reine Spekulation. Ursache für diese Unsicherheit ist der Umstand, daß von den meisten kuschitischen Sakralbauten entweder nur die Grundrisse erhalten sind oder stehende Bauten wie z. B. in der Großen Anlage von Musawwarat keine Inschriften enthalten.

Eine gewisse Hilfe könnten natürlich wieder mathematisch-statistische Verfahren bieten. Anhand des oben aufgestellten Algorithmus müssen wir also

---

24 Anfänglich sprach ich noch von „Mehrraumtempeln" und „Einraumtempeln": Die Kunst im Reich von Kusch zur Zeit der 25. Dynastie und der Herrscher von Napata, in: Propyläen Kunstgeschichte. Berlin 1975, 400 ff.; A History of the Art, Architecture, and Minor Arts of Nubia and the Northern Sudan, Africa in Antiquity, Bd. 2: The Catalogue. Brooklyn 1978, 19 ff. Später dann habe ich diese Terminologie in „Tempel mit einfacher Raumstruktur" resp. „Tempel mit komplizierter Raumstruktur" geändert: Gedanken zu einigen Aspekten der kuschitischen Tempelarchitektur, in: Meroitica 7, Berlin 1984, 381 ff., bes. 386 ff.

25 Die Zuschreibung des Gebäudes II A von Musawwarat es Sufra an Sebiumeker ist nicht über alle Zweifel erhaben, s. St. Wenig: Das Gebäude II A von Musawwarat es Sufra, Meroitica 7, 1984, 183 ff.

26 Hier folge ich D. Arnold, Das Verhältnis von Wandrelief und Raumfunktion in ägyptischen Tempeln des Neuen Reiches, MÄS 2, München 1960.

auch hier wieder zuerst das Problem formulieren, das folgendermaßen lautet:

Gibt es Merkmale, die eine Einteilung der Tempel in Gruppen zulassen?

Wir fragen also nach einer Hierarchie der Tempelmerkmale und wollen gleichzeitig die Tempel klassifizieren, so daß die Wahl der Verfahren eindeutig ist. Es werden hierarchische Klassifikationsverfahren benötigt, bei denen die R-Technik anzuwenden ist, so daß die oben beschriebenen Verfahren auch hier eingesetzt werden können.

Es sind insgesamt 18 Merkmale ausgewählt worden (s. Tabelle 2). Manche von ihnen berücksichtigen die Anzahl der Räume, andere wieder fragen nach architektonischen Details oder die Ausstattung der Heiligtümer (Statuen, Barkenuntersätze). Gerade letztgenannte Merkmale sind allerdings sehr unsicher, weil ja Ausstattungsgegenstände verschleppt worden sein können, dennoch habe ich sie in der Matrix belassen.

Mit diesen 18 Merkmalen lassen sich insgesamt 47 Tempel beschreiben; da einige Gebäude identische Merkmale haben, wurden diese zusammengefaßt, so daß schließlich 42 Individuen übrigblieben (s. Tabelle 1).

Die angewandte Merkmals-Assoziationsanalyse erbrachte folgendes Ergebnis: Das Merkmal „EIN-RAUM-TEMPEL" ist erstes Teilungskriterium, so daß sich diese Gruppe von Heiligtümern als eigene Gruppe abspaltet. Auf der nächsten Ebene werden alle „klass. ägypt. Mehrraumtempel" abgespalten, und dann folgen die „Zwei-Raum-Tempel", die „Drei-Raum-Tempel" und schließlich die „Tempel mit 3 Sanktuaren". Allein steht der einzige bisher bekannte meroitische Doppeltempel.

Das Ergebnis ist dermaßen „schön", daß ich mir die Auswahl der Merkmale noch einmal ansah und dabei zu der Überzeugung kam, daß durch ihre Festlegung das Ergebnis bereits vorweggenommen worden sein könnte. Deshalb nahm ich für eine 2. Untersuchung zwei Veränderungen vor: 1. tilgte ich das Individuum 42, den Doppeltempel, der nur in einem Beispiel belegt ist und statistisch gesehen einen Ausreißer darstellt, zumal das Merkmal 6 auch nur einmal vorkommt, und 2. veränderte ich die ersten fünf Merkmale dahingehend, daß zwei von ihnen allgemeineren Charakter erhielten. So kommt das Merkmal „Vorraum" natürlich bei wesentlich mehr Individuen vor als das Merkmal „Zwei-Raum-Tempel", und dasselbe gilt für das Merkmal „2. Vorraum". Das Merkmal „Ein-Raum-Tempel" ließ ich ganz weg, so daß 41 Individuen und 16 Merkmale übrigblieben.

Zur großen Überraschung erbrachte diese 2. Untersuchung, daß das erste Teilungskriterium das Merkmal „VORRAUM" ist, wodurch alle „Ein-Raum-Tempel" sofort als eigene Gruppe abgespalten werden; wir sehen, das Ergebnis ist auf dieser Stufe mit dem der 1. Untersuchung identisch. Danach spaltet sich die Gruppe der „klass. ägypt. Mehrraumtempel" ab, dann folgen die „Drei-Raum-Tempel", die „Zwei-Raum-Tempel" und die „Tempel mit 3 Sanktuaren". Bis auf die Reihenfolge ist die 2. Untersuchung also mit der 1. identisch. Das kann kein Zufall sein, wenn auch zugestanden werden muß, daß die Merkmalsauswahl immer noch problematisch sein mag.

Selbstverständlich kann man mit dem Material weiter experimentieren, Individuen und/oder Merkmale weglassen und dann sehen, welche Auswirkungen die Merkmale auf die Ausgangsklasse der Individuen haben, doch soll noch ein Wort zur Interpretation dieser bisherigen vorläufigen Ergebnisse gesagt werden. Die klare Gruppierung der kuschitischen Sakralbauten aufgrund ihrer Raumanzahl muß doch wohl in einem direkten Bezug zum Kult in dem entsprechenden Gebäude stehen, so daß die Hypothese, nach der Tempel mit komplizierter Raumstruktur für Gottheiten ägyptischen Ursprungs und solche mit einfacher Raumstruktur für Gottheiten des meroitischen Pantheons bestimmt sind, eine gewisse Wahrscheinlichkeit haben muß. Eine mögliche Erklärung für dieses Phänomen wäre das unterschiedlich ausgeprägte Kultbedürfnis für die einzelnen Gottheiten. Die ägyptischen Götter hatten traditionsbedingt einen ausgedehnten Kult, so daß deren Tempel bestimmte bauliche Strukturen besitzen mußten. Daß die einheimischen Götter vermutlich einen wesentlich anspruchsloseren Kult besaßen, mag damit zusammenhängen, daß ihnen erst relativ spät – soviel wir wissen erst zu Beginn der meroitischen Periode – steinerne Tempel errichtet wurden.

IV

Es wäre nun sehr nützlich, wenn man ähnliche Klassifikationsversuche auch mit ägyptischen Tempeln anstellen würde. Daß die ägyptische Tempelarchitektur innerhalb der Sakralarchitektur nur schwer definierbar sei[27], dürfte weniger an der Materie liegen als an der Tatsache, daß man sich bisher meist nur mit Einzelbauten, oftmals auch nur mit Bauteilen, in den seltensten Fällen mit bestimmten Tempelgruppen beschäftigte, während Versuche zur Systematisierung der ägyptischen Architektur weitgehend vernachlässigt wurden.

Ich habe mir nun – im Anschluß an die obigen Überlegungen zur kuschitischen Tempelarchitektur sowie im Zusammenhang mit zwei in Wien entste-

---

27 So D. Arnold im LÄ V, s. v. Tempelarchitektur.

henden Dissertationen[28] – Gedanken über eine mögliche Klassifikation ägyptischer Tempel gemacht. Man muß m. E. einfach davon ausgehen, daß die Ägypter wußten, was sie bauen wollten und sollten. Eine komplexe Gesellschaft wie die altägyptische konnte ohne Systematisierung, genauer ohne Klassifikation, überhaupt nicht auskommen. Unser Problem kann nur darin bestehen, diese Klassifikationen zu erkennen; sollte uns das nicht gelingen, dann liegt das weniger an den alten Ägyptern als vielmehr an uns, daß wir entweder gar nicht danach fragen oder unsere Fragen falsch stellen.

Bei einer Klassifikation der ägyptischen Architektur wird man zuerst zu überlegen haben, welche klassifikatorischen Prinzipien man zugrunde legen will. Man wird wohl nicht fehlgehen, daß sie nach dem Grundsatz *form follows function* hinsichtlich ihrer Funktion zu systematisieren sein wird. So wird eine erste Einteilung zweifellos in die beiden sich gegenüberstehenden Gruppen PROFAN und SAKRAL vorzunehmen sein. Hinsichtlich ihrer Funktion ist die *Sakralarchitektur* – so wie ich es sehe – wohl in die beiden Untergruppen BESTATTUNGSARCHITEKTUR und KULTARCHITEKTUR zu untergliedern; eine dritte Möglichkeit scheint nicht zu existieren.

Unter *Kultarchitektur*, um bei dieser Architekturgruppe zu bleiben, verstehe ich jene Anlagen, die der Durchführung von Kulthandlungen im Sinne von Verehrung dienen. Diese Gruppe läßt sich wieder in mindestens zwei Untergruppen gliedern. Die eine enthält jene Bauten, die der Verehrung von Göttern dienen, die andere umfaßt Anlagen für die Verehrung von (toten oder lebenden) Königen. Natürlich muß man sich klar darüber sein, daß in Göttertempeln auch Verehrungsstätten für den König und umgekehrt in Königstempeln Kapellen für Götter existieren konnten, doch ändert dies nichts an der hauptsächlichen, eigentlichen Zweckbestimmung des Gebäudes. Und nur von dieser hat man bei dem Versuch einer Klassifikation auszugehen.

In diesem Sinne läßt sich eine Systematisierung der ägyptischen Architektur, die ich hier abbrechen will und an deren Nützlichkeit von manch einem unserer Kollegen gezweifelt wird, durchaus erreichen. Ich sehe den Sinn eines solchen Vorhabens vor allem und für den Augenblick darin, daß wir uns Klarheit über die Zweckbestimmung der unterschiedlichsten Kultanlagen verschaffen. Wenn dieser Schritt getan ist, wird man aus der klassifizierten Architektur durchaus Schlüsse auf Entwicklung und Zusammenhänge ziehen können. Daß sich auch hier mathematisch-statistische Methoden anbieten, versteht sich von selbst. Doch wird es gewiß nicht leicht sein, jene Merkmale

---

28 Irmgard Hein, Die Ramessidische Bautätigkeit in Nubien (abgeschlossen); Anni Holzner, Die Bautätigkeit der 18. Dynastie bis Amenophis III. (Arbeitstitel).

herauszufinden, die die Zweckbestimmung von Architektur eindeutig beschreiben.

Mit diesen wenigen, auf ein Feld führenden Bemerkungen, für das ich mich keineswegs zuständig fühle, will ich lediglich den Anstoß geben, das, was bisher für die meroitische Architektur versucht wurde, auch auf ägyptische Architektur anzuwenden. Es kann überhaupt keinem Zweifel unterliegen, daß man mit der richtigen Fragestellung und den geeigneten Methoden zu wesentlich besseren und gesicherteren Ergebnissen gelangt als durch Gedankenspielereien, die sich in unserem Fach nach wie vor größter Beliebtheit erfreuen.

Tabelle 1: Liste der Individuen, 1. Untersuchung

1. Musawwarat es Sufra: II A (*Sebiumeker?*)
2. Musawwarat es Sufra: II B
3. Musawwarat es Sufra: II C (*Apedemak*)
4. Musawwarat es Sufra: IA/100
5. Musawwarat es Sufra: IA/300
6. Basa (*Apedemak*)
7. Gebel Matruqa
8. Naqa (*Apedemak*)
9. Naqa 800
10. Naqa 500
11. Naqa 400
12. Gebel Hardan
13. Meroe M. 250
14. Murabba
15. Wad Ban Naqa D
16. Meroe M. 6 (*Apedemak*)
17. Meroe M. 70
18. Nasb es Sami
19. Musawwarat es Sufra: IA/200
20. Gebel Barkal B. 700
21. Gebel Barkal B. 600
22. Musawwarat es Sufra: II D
23. Naqa 500/Anbau
24. Gebel Barkal 800/2
25. Meroe M. 720
26. Gebel Barkal 1300
27. Naqa 700
28. Musawwarat es Sufra: III A
29. Gebel Barkal B. 200 (+ B. 300 = *Mut*)
30. Kawa B
31. Gebel Barkal B. 800/1
32. Meroe K. C. 100
33. Gebel Barkal B. 1400
34. Meroe M. 260 (*Amun*)
35. Naqa 100 (*Amun*)
36. Gebel Barkal B. 500 (*Amun*)
37. Tabo (*Amun*)
38. Sanam (*Amun*)
39. Kawa T (*Amun*)
40. Wad Ban Naqa A (*Isis*)
41. Amara (*Amun?*)
42. Meroe K. C. 104

Tabelle 2: Liste der Merkmale

1. Untersuchung   *2. Untersuchung*

1. Ein-Raum-Tempel   –
2. Zwei-Raum-Tempel   Vorraum
3. Drei-Raum-Tempel   2. Vorraum
4. Tempel mit 3 Sanktuaren   3 Sanktuare
5. klass. ägypt. Mehrraumtempel   Sanktuar/Barkenraum
6. Doppeltempel   –
7. Pylon   Pylon
8. ebenerdig   ebenerdig
9. Sandstein   Sandstein
10. Kiosk oder Podest vor/im Tempel   Kiosk oder Podest
11. Umfassungsmauer   Umfassungsmauer
12. Säulenumgang   Säulenumgang
13. Portikus   Portikus
14. Säulen im Innern   Säulen im Innern
15. Altar/Barkenuntersatz   Altar/Barkenuntersatz
16. mehrere Eingänge   mehrere Eingänge
17. Statuen   Statuen
18. Nische in der Rückwand   Nische in Rückwand

Erich Winter

WEITERE BEOBACHTUNGEN ZUR „GRAMMAIRE DU TEMPLE" IN DER GRIECHISCH-RÖMISCHEN ZEIT

Wenn ich mich recht erinnere, sind es gerade 25 Jahre, daß Herr Derchain das Schlagwort von der „grammaire du temple" in die Ägyptologie eingeführt hat, auch wenn methodische Ansätze schon früher zu beobachten sind[1]. Seither ist manche interssante Studie zu diesem Thema erschienen[2] und ich glaube, wir können auch weiterhin bei der französischen Fassung „grammaire du temple" bleiben, weil der Begriff der grammaire im Französischen (und auch entsprechend im Englischen) weitergefaßt ist als im Deutschen. Eine „grammaire de l'amour" kann ich mir gerade noch vorstellen, aber eine „Grammatik der Liebe" mordet jedes Gefühl.

Unter dieser „grammaire du temple" verstehen wir die bewußte und sinnbezogene Gestaltung ägyptischer Tempel von der Architektur über das Dekorationsprogramm der Reliefs und Inschriften bis hin zur bewußten Wahl einzelner hieroglyphischer Schreibungen. In meinem heutigen Überblick möchte ich von jenem Punkt ausgehen, bei dem ich selbst seinerzeit[3] stehengeblieben bin, nämlich bei der formelhaften Gestaltung der seitlichen Randzeilen später Tempelreliefs. Diese hatte ich als „göttliche", resp. „königliche" Randzeile bezeichnet[4]. Ihre „Idealform" haben sie unter Ptolemaios VIII. erhalten. Dabei hat sich ergeben, daß man bewußt in den „königlichen" Randzeilen die untersten drei von vier vorhandenen Registern von oben nach unten durch die Nennung der fünf Teile der großen königlichen Titulatur zusammen-

---

1 Auguste Mariette, Dendérah. Déscription générale du grande temple de cette ville, Paris-Caire 1875, bes. 56 ff.; vgl. auch Franz Joseph Lauth, Augustus-Harmais, Sitz. Ber. Bayr. Ak. d. Wiss. phil.-philol. und hist. Cl., München 1877, 190 ff. mit der Beobachtung streng achsensymmetrisch angeordneter Reliefs, die sich örtlich weit voneinander getrennt auf den Außenwänden von Dendera als zusammengehörig erweisen.
2 Z. B. Dieter Kurth, Die Dekoration der Säulen im Pronaos des Tempels von Edfu, GOF IV, 11, Wiesbaden 1983; Françoise Labrique, Observations sur le temple d'Edfou, GM 58, 1982, 31–48 bis hin zu der noch ungedruckten Trierer Dissertation von Susanne Nakaten über das Grab des Petosiris in Tuna-el-Gebel 1986.
3 Untersuchungen zu den ägyptischen Tempelreliefs der griechisch-römischen Zeit, Denkschriften der phil.-hist. Klasse der Österr. Akad. d. Wiss., 98. Bd., Wien 1968.
4 A. a. O., Abb. 6 am Ende des Bandes als Falttafel.

62 Erich Winter

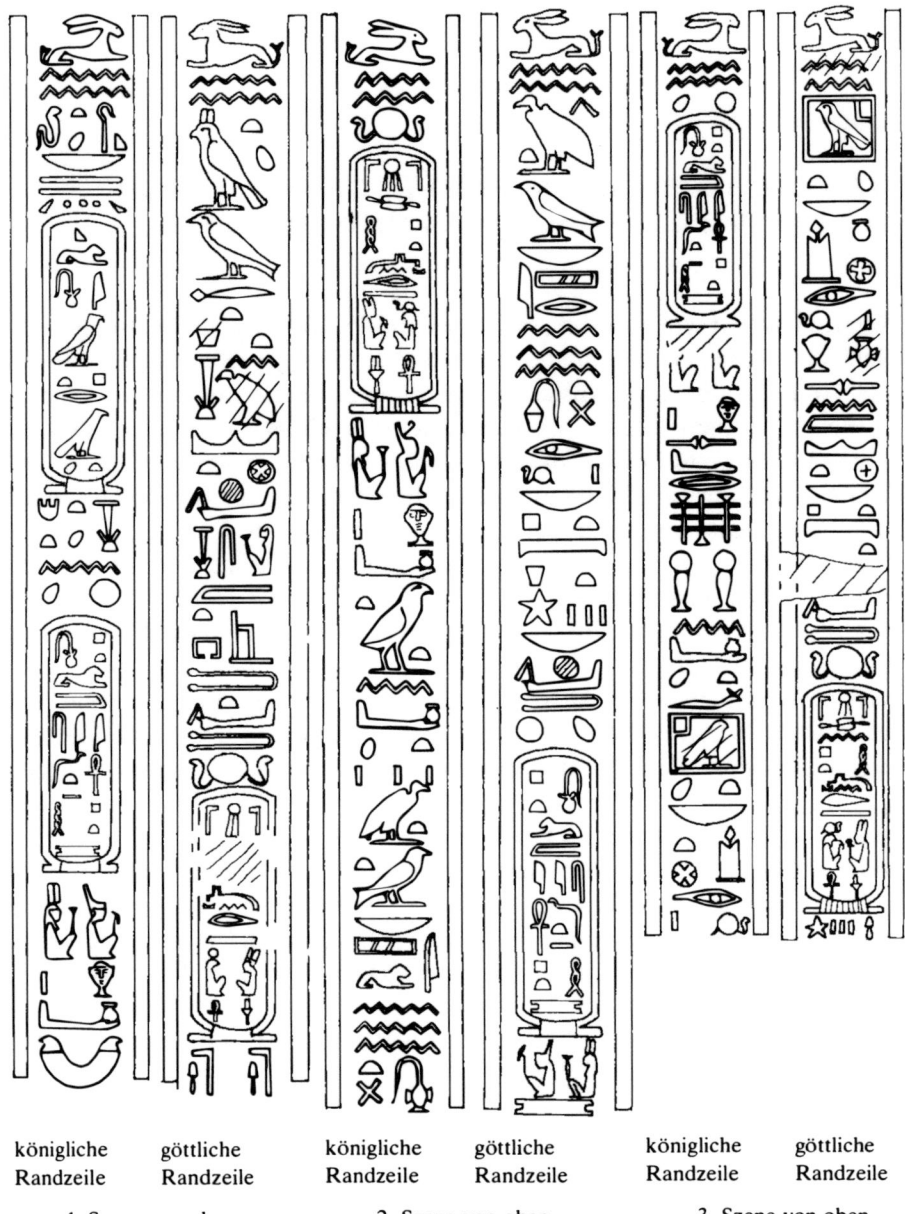

| königliche | göttliche | königliche | göttliche | königliche | göttliche |
| Randzeile | Randzeile | Randzeile | Randzeile | Randzeile | Randzeile |

1. Szene von oben 2. Szene von oben 3. Szene von oben

(Philae, 2. Pylon, Südseite, westlicher Torpfosten)

Abb. 1

gebunden hatte[5]. Bei dieser „Verschnürung" von senkrecht übereinanderstehenden Schriftzeilen möchte ich beginnen, um sehr rasch auf die bewußte, inhaltlich bedingte Zeichenwahl einiger Hieroglyphen überzugehen, um anhand von ausgewählten Zeichen zu veranschaulichen, was wir uns von einer derzeit in Montpellier erscheinenden hieroglyphischen Zeichenliste der Spätzeit erhoffen dürfen, aber gleichzeitig, welche Grenzen diese Liste sich bewußt gesetzt hat.

Mein Beispiel aus den Randzeilen übereinanderstehender Szenen entnehme ich den von Frau Noering vorbereiteten Zeichnungen des 4. Bandes der Philae-Publikation, und zwar dem westlichen Pfosten der Türumrahmung auf der Südseite des 2. Pylons. Hier zeigt sich durch die jeweilige Einfügung des Pseudopartizips ḫwj.tj „indem sie schützt", daß die seitlichen Randzeilen jeder der Szenen zu einer Strophe verbunden sind. In der Übersetzung greife ich nur die markanten Bestandteile heraus, um die von der Textgestaltung geforderte Verbindung von königlicher und göttlicher Randzeile deutlich werden zu lassen.

Szene 1 von oben:

„solange die Herrscherin und Herrin der beiden Länder Kleopatra ... den Halskragen darbringt,
wird auch die große Falkengöttin ... den König von Ober- und Unterägypten Ptolemaios VIII. beschützen".

Szene 2 von oben:

„solange König Ptolemaios VIII. das wnšb-Symbol (seiner) Mutter Mut ... darbringt,
wird auch Mut, die große, ... den König Ptolemaios VIII. beschützen".

Szene 3 von oben:

„solange König Ptolemaios VIII. die beiden Spiegel seiner Mutter Hathor ... darbringt,
wird auch Hathor, die Herrin von Dendera, ... König Ptolemaios VIII. beschützen"[6].

---

5 A.a.O., 57, Abb. 5.
6 Den Text von Szene 3 hat auch Constance Husson, L'Offrande du Miroir, Lyon 1977, 191 schon so aufgefaßt.

Das Gegenüberstellen der seitlichen Randzeilen aus diesen Szenen zeigt wohl eindeutig, daß diese ganz bewußte Formung nicht nur die einzelnen Szenen selbst, sondern auch alle drei Szenen zu einem Szenenkomplex zusammenbinden sollte.

Am Ende der göttlichen Randzeile der zweiten Szene werden Sie das Zeichen des *mr*-Kanals bemerkt haben, das ich in der Übersetzung unberücksichtigt gelassen habe. Die Einfügung dieses *mr*-Kanals dient wiederum einer solchen „Zusammenbindung", aber diesmal nur von „königlicher" und „göttlicher" Randzeile, auch wenn diese Einfügung gerade an dieser Stelle zumindest für mein heutiges Verständnis nicht geglückt erscheint, denn dieses *mrjj*- „geliebt von" stellt als passives Partizip ein uraltes Hilfsmittel des Ägypters dar, die bewußte „Erwählung"[7] zu veranschaulichen. Frühe Beispiele dafür finden sich auf Fußplatten der Mykerinus-Gruppen[8] oder überdeutlich in einer Szene Mentuhoteps II. aus Elephantine[9], in der der König zwischen Month und Satis steht. Die Anführung dieses *mrjj* soll uns daran erinnern, daß man in der ägyptischen Spätzeit immer bemüht war, auch bei Weiterentwicklungen an altes Traditionsgut anzuknüpfen. Denn gerade dieses *mrjj*- „geliebt von" verbindet nun die Nennung von Gott und König an jenen Grenzpunkten des

Abb. 2: Unterseite eines Architraven.

7 Vgl. Siegfried Morenz, Die Erwählung zwischen Gott und König in Ägypten, Sino-Japonica, FS für André Wedemeyer, Leipzig 1956, 118ff.
8 G. A. Reisner, Mycerinus, Cambridge Mass. 1931, pl. 46 Nr. a, c, d und e.
9 Labib Habachi, MDIK 19, 1963, 42 fig. 19. Zur Orientierung von *mrjj* vgl. H. G. Fischer, The Orientation of Hieroglyphs I, New York 1977, 86–89.

Begegnens, die von der Tempelarchitektur vorgezeichnet sind. Es sind dies – beispielhaft – die Unterseiten von Architraven über Säulen, wie hier aus dem 2. Ostkorridor von Philae (Zeichnung aus dem 3. Band Philae).

Im Prinzip ist es die gleiche Formung der Begegnung von Gott und König, die wir so oft auf den Türdicken von Tempeltüren finden[10]. Diese Begegnung wird in dem Beispiel der Anmerkung 10 noch betont und verdoppelt durch die Darreichung des Lebenssymbols von seiten der Gottheit des betreffenden Tempels an den Horusfalken der königlichen Titulatur, die wir sprachlich-phonetisch wohl als *dj.t ʿnḫ* lesen müssen, und die uns den Übergang zur bewußten Zeichenwahl in den Texten der griechisch-römischen Zeit erlaubt.

Lassen Sie mich dabei mit einer absichtsvollen Schreibweise des Gottes Ptah beginnen: [Hieroglyphen] (Edfu II, 270, 10). Hier soll wohl die Rolle des Ptah als Schöpfergott betont werden durch „Himmel", (Lesung *p* von *p.t*- „Himmel") „Erde" (Lesung „*t*" von *tꜣ* – „Erde") und der *ḥḥ*-Hieroglyphe des „sitzenden Mannes" für das *ḥ*, wobei durch die theologische Angleichung des *ḥḥ*-Symbols an den Luftgott Schu die Brücke zur Bedeutung „Luftraum" als Schöpfungsobjekt des Ptah gezogen ist[11].

Auch hier sei daran erinnert, daß wir es bei dieser „theologisch-angereicherten" Schreibweise dieses Gottesnamens methodisch nicht mit einer Innovation der Spätzeit zu tun haben, sondern mit einer Weiterentwicklung bereits begangener Wege. Denn schon in der 18. und 19. Dynastie begegnen wir der Schreibung [Hieroglyphen] für den Gott Dedwen, die doch sicher die Assoziation „der Dauernde und Seiende" vermitteln soll[12].

Dendera V pl. 392 zeigt eine Reihe von Priestern, die kleine Götterschreine in einer Prozession heranbringen. Bei einem dieser Priester (Dendera V, 91, 7) steht als Beischrift: „Der *Iḥj*-Priester" [Hieroglyphen] *twꜣ nṯr m ʿ-f* – „der den Gott auf seinem Arm trägt", aber es kann doch kein Zweifel bestehen, daß die Besonderheit der Schreibweise gleichzeitig ein *dwꜣ nṯr* „den Gott preisen" anklingen lassen soll.

Ganz ähnlich wird dieser Gedankengang in einer Szene in Philae II 280, in der Augustus einer Göttin das „heilige Auge" darreicht, zum Ausdruck gebracht. In der den König begleitenden linken Randzeile wird die Handlung

---

10 Z. B. Diaʾ Abou Ghazi, BIFAO 66, 1968, 167, Fig. 1.
11 Vgl. Hartwig Altenmüller, LÄ II, Sp. 1083 s.v. Heh.
12 LD III, 69e aus der Zeit Thutmosis' IV. und LD III 125a aus der Zeit Sethos' I.

durch die Worte beschrieben: [hieroglyphs] ḥr twꜣ nṯr.t (ḥr nb.t-s) – „indem er das göttliche Auge (zu seiner Herrin) trägt". Auch diese vom Ägypter sorgsam gewählte Schreibung vermittelt durch das im Schriftbild dargestellte dwꜣ nṯr die „Preisung Gottes" als eigentlichen Inhalt der Szene.

Ein Beispiel für ein bildliches Konzentrat des geschilderten Inhalts möchte ich auch im Text der Mendes-Stele erblicken. Urk. II, 46, 12 wird uns geschildert, daß der Kronprinz „den großen Bock in seinen (eben fertiggestellten) Tempel einführt": [hieroglyphs] sꜥḳ Bꜣ wr r pr-f. Durch Wahl der Hieroglyphe des „Fürsten" für das Adjektiv wr – „groß" wird der Vorgang im Hieroglyphenbild eingefangen, während das gleiche Adjektiv schon im nächsten Satz ganz normal durch die „Schwalbe" ausgedrückt wird.

In Philae III wird eine ḥḥ-Darbringung an die Götter Arensnuphis, Thot von Pnubs und Tefnut publiziert werden[13]. Ganz abgesehen von den begleitenden Texten versetzt uns schon die Zusammenstellung dieser Gottheiten in die Welt des Mythos von der Heimholung der Hathor-Tefnut aus Nubien, eines Mythos, der in der „göttlichen" Randzeile in einem Epitheton des Arensnuphis zusammengefaßt wird: [hieroglyphs] jnj wr.t r Bꜣḳ.t – „der die Große nach Ägypten bringt". Dies allein würde Bild und Textgehalt gut charakterisieren. Aber erinnert man sich, daß die befriedet heimgebrachte „wütende" Göttin auch als „Auge des Re" verstanden wurde, dann erhält die Schreibung von „Ägypten" durch das „heilige Auge" erst ihre gewollte Doppelbödigkeit.

Der Bildcharakter einer Myrrhen-Szene kommt in den hieroglyphischen Beischriften von Philae II, 52 in mehrfacher Weise zur Geltung. Der „Spruch" berichtet von der Übergabe des Myrrhengefäßes, das sich ḥr ꜥ.wj mꜣj ḥḳꜣ Pwn.t – „auf (= in) den Armen des Löwen, des Herrschers von Punt" befindet. Als „Löwe, der Herrscher von Punt" wird der König selbst bezeichnet, aber gleichzeitig ist er ja auch bildlicher Bestandteil des Myrrhengefäßes in Gestalt des menschenköpfigen Löwen. Diesen Spielball nimmt die „königliche" Randzeile nochmals auf, wenn sie den König nicht nur als ḥḳꜣ Pwn.t – „Herrscher von Punt" bezeichnet, sondern im parallelismus membrorum ein šsp-ꜥnḫ n nb Tꜣ-nṯr – „das Ebenbild des Herrn des Gotteslandes" anfügt. Die Hieroglyphe von šsp-ꜥnḫ wiederholt auch hier in ihrer Form den Szeneninhalt und betont darüber hinaus die „lebenserhaltende" Bedeutung der Myrrhenspende an die Gottheit.

---

13 Berliner Phot. 66 = PM VI, 222 Nr. 151.

Von einer Säule des 2. Ost-Korridors in Philae[14] stammt das nächste Beispiel. In einer Szene des Darbringens von Pfeil und Bogen an Satis-Sothis beantwortet diese Göttin das Opfer Ptolemaios' XII. mit den Worten ⟨hierogl.⟩ ḫwj-j n-k (oder Fehlschreibung statt rdj-j n-k – „ich gebe dir"?) pr-Mntw 'pr m jḥ.wt-f – „ich beschütze dir das

Abb. 3: Philae II 52.

---

14 Berliner Photo 1510; aus dem MS von Philae III.

Haus des Month, das mit seinen Dingen ausgestattet ist"[15]. Es erscheint mir sicher, daß der ägyptische Schreiber die Hieroglyphe des Obelisken absichtlich gewählt hat, weil dieser „Spieß"[16] das Äquivalent zu den Pfeilen der Opfergabe darstellen sollte. Es kann doch kein Zufall sein, daß diese eher selten belegte Schreibung von Month an genau entsprechender Stelle in Edfu III, 257,1 begegnet. Ja, man kann sagen, daß die Schreibung Month mit dem Obelisken nur in diesem Textzusammenhang sinnvoll wurde, wir also immer nach einem vielleicht verborgenen Hintergrund forschen sollten, wenn eine ausgefallene und vor allem auf einen bestimmten Textzusammenhang beschränkte Schreibweise auftritt.

Für den zuletzt genannten Gedanken, die Beschränkung einer Schreibung auf einen bestimmten Textzusammenhang, spricht sehr deutlich die folgende

Abb. 4

15 Die defektive Schreibung des Namens *Mnṯw*, der hier eigentlich nur „*Mn*" zu lesen wäre, wiederholt sich in der Randinschrift, die auf der Innenseite über dieser Säulenreihe einherläuft. Dort ist von der Kampfstätte (*rꜣ-ḏꜣw.t*) des Month die Rede, sodaß kein Zweifel über die Identität dieses Gottes bestehen kann. Der Rest des Lautbestandes muß also der Gotteshieroglyphe entnommen werden.

16 Vgl. die griechische Bezeichnung als „(Brat-)Spießchen", bzw. als Vergleich „wie ein Spieß" laut Karl Lang, Anthropos 60, 1965, 844 ff.; ferner das arabische Wort für Obelisk „Messala" – „große (Näh-)Nadel", auf das Labib Habachi, Die unsterblichen Obelisken Ägyptens, 15, hingewiesen hat.

Beobachtung: Bei der Bearbeitung des Textes des nördlichen Türpfostens des Reinigungszimmers in Philae stieß ich auf Epitheta des Horus von Edfu, die im Zusammenhang mit Reinigungstexten wiederholt belegt sind: š' (so) 'bw km̉-n-f twr – „der mit der Reinigung begann, als er die Reinheit geschaffen hatte" (Berliner Phot. 856). Einer Ergänzung der beschädigten Stelle zu der Normalschreibung ⌇⌇ km̉ stand im Wege, daß die Hieroglyphe nur einen Flügel nach oben gerichtet hat. In dieser Situation führte die Kopie von Champollion, Not. descr. I, 194, zur richtigen Lösung, denn Champollion konnte noch klar das Zeichen als ⌇ erkennen. Ein kurzer Überblick ergab, daß das Wort km̉ des öfteren mit der Hieroglyphe ⌇ geschrieben ist, aber fast ausnahmslos[17] nur in Reinigungstexten. Das gilt für Kom Ombo I, 145 Nr. 191 ebenso, wie für Edfu III, 22, 17, Edfu VII, 191, 7 oder aus Philae die Szene des Berliner Photos 8, hieroglyphisch zitiert als Belegstelle zu WB 5, 253, 14[18]. Die Lösung ergibt sich zwanglos aus der Beteiligung des Gottes *Dwn 'n.wj*, des „Schwingen-Spreizers", als einem der vier Reinigungsgötter bei entsprechenden Ritualhandlungen. Das Bild des Gottes sollte auch im Schrift-„Bild" gegenwärtig sein, und dafür nahm der Ägypter die Änderung im Äußeren der Hieroglyphe in Kauf.

Die bewußte Zeichenwahl zur Unterstreichung des Bedeutungsgehaltes der Aussage ist schon sehr oft beobachtet worden, und darum sei nur am Rande an Stellen wie Philae II,8 erinnert, wo dreimal hintereinander von *nṯr.w* – „Göttern" die Rede ist, deren jeweilige kosmische Zuordnung auch in der Zeichenwahl zum Ausdruck kommt:

jtj.t n.t nṯr.w p.t ḥḳꜣ.t n.t nṯr.w tꜣ ḏrtj.t js n.t nṯr.w dꜣ.t – „Königin der Götter des Himmels, Herrscherin der Götter der Erde, Falkengöttin der Götter der Unterwelt".

Jedem dieser Götter hätte der Ägypter sicher auch ein ⌇-Zeichen zuge-

---

17 Bisher ist mir nur die von Fairman, BIFAO 43, 1945, 116 zitierte Stelle aus Edfu, Mammisi, 88, 17 bekannt.
18 Wobei das Erscheinungsbild des fliegenden Vogels zwischen Ente und Falken schwankt.

standen, das man aber im Falle der Satrapenstele an einer bestimmten Stelle offensichtlich vermeiden wollte, denn Urk. II, 15, 14 handelt es sich um die Götterbilder der Feinde:

„Er (der spätere Ptolemaios I.) brachte ihre Soldaten mit Männern und Frauen und ihre Götter heim als Ersatz für das, was sie gegen Ägypten getan hatten." Die aufgelöste konsonantische Schreibung von *nṯr* ist zu selten, als daß man hier, wo es sich um nichtägyptische Götter handelt, von einer zufälligen Schreibweise sprechen könnte[19]. Ebenso „gewählt" scheint mir die Nennung der „Männer und Frauen" im Anschluß an die „(feindlichen) Soldaten". Im ersten Moment ist man geneigt, von schlechtem literarischen Stil dieser späten Inschrift zu sprechen, bis man bemerkt, daß die Schreibweise der „Männer und Frauen" so sehr an die von *ḥm* bzw. *ḥmtj* „als schmähende Bezeichnung für Feiglinge" (WB 3, 80, 7–8) erinnert, daß jeder ägyptische Leser der Inschrift wohl die Assoziation mitgeliefert erhalten sollte, daß es sich bei den feindlichen Soldaten um Feiglinge handelte[20]. Unter diesem Gesichtspunkt ist es gar nicht mehr unbedingt nötig, das Determinativ des sitzenden Mannes mit einem „so" zu versehen wie dies Sethe in den „Urkunden" getan hat, um anzudeuten, daß das zu erwartende Pendant der „hockenden Frau" tatsächlich fehlt. Das Weglassen des Determinativs der Frau mußte und sollte wohl die „zwischen den Zeilen" erfolgte Qualifizierung des feindlichen Heeres als „Feiglinge" erst so richtig hervorheben.

Nahtlos an diese Beobachtung, man habe auf der Satrapenstele den Göttern

---

19 Dend. Mammisi, 127, 7, könnte man die gleiche Schreibweise durch die Rolle des Thot als Besänftiger wütender Gottheiten bedingt sehen, auch wenn ich das Beispiel als lange nicht so stringent wie dasjenige der Satrapenstele bezeichnen möchte.

20 Es könnte übrigens sein, daß dieses Wort *ḥmtj* – „Feigling" durch seine Schreibung mit einem Zeichen, in dem man auch den weiblichen Geschlechtsteil gesehen hat, die Erklärung für Herodot II, 102 ermöglicht, die weibliche Scham symbolisiere die „Feigheit", eine Nachricht, die bei Manetho, Fragm. 34 und Diodor I, 55, 8 durch das Gegenstück ergänzt wird, der männliche Geschlechtsteil bedeute „Tapferkeit". Die Version des Manetho (bei Syncellus nach Africanus) bringt fast wörtlich auch Johannes von Antiocheia, Fragm. 1, § 23 (C. Müller, Fragmenta Historicorum Graecorum IV, 539).

der Feinde das ⌐-Zeichen nicht gegönnt, reiht sich eine Schreibung jenes oberägyptischen Gegenkönigs aus der Zeit Ptolemaios' V. Epiphanes, dessen Name in seinen eigenen Dokumenten früher Anchmachis (*'nḫ-m-ꜣḫ.t*) und jetzt[21] *'nḫ-wn-nfr* gelesen wird. Auffälligerweise sieht aber die hieroglyphische Schreibung dieses Namens auf der Philensis-Stele[22] ganz anders aus. Dort kann man ihn in Zeile 23 und 32 ganz klar als 〈hieroglyphs〉 *Ḥr-wn-nfr* erkennen. Die Namensänderung erklärt sich aus der Tatsache, daß diese Stele von der Gegenseite, also der ptolemäischen Seite, verfaßt ist. Dabei gehört die sprachliche Veränderung von *'nḫ* zu *ḥr* wohl in den juridischen Bereich des strafweisen Veränderns von Namen, der uns auch sonst geläufig ist[23]. In unser Thema gehört dagegen die Schreibung von *nfr* mit einkonsonantischen Zeichen, d. h. dem Feindesnamen hat man die 〈hieroglyph〉-Hieroglyphe, das summum bonum, verweigert.

Feinde macht man aber nicht nur dadurch unschädlich, daß man ihre Namen verändert, man kann auch zu ihrer Nennung eine Schreibweise verwenden, die ihnen von vornherein alle Kraft nimmt. Ein schönes Beispiel dafür liefert die Inschrift Nr. 145 bei Grenier, Tôd, in dem Worte *bṯnw* – „die Rebellen". Durch die Schreibweise 〈hieroglyphs〉 (zu lesen: *bṯnw*) werden diese Rebellen als *bdšw* – „Ermattete" gekennzeichnet und damit gefahrlos gemacht.

Es gibt aber auch Hieroglyphen, die nur in einem bestimmten Tempel Träger spezieller Lautwerte wurden, weil die lokale Theologie dazu erst die Voraussetzungen geliefert hat. Das gilt z. B. für die Hieroglyphe des Krokodils in der Bedeutung *nṯr* – „Gott". Diese Verwendung ist, soweit ich sehe, auf Kom Ombo beschränkt.

Eine Ausnahme gibt es in Philae in einer Szene, die LD IV, 77c publiziert ist. In ihr bringt Claudius dem Sobek-Re ein *ḥḥ*-Symbol dar. In der „göttlichen" Randzeile ist von Sobek-Re als Urozean die Rede und als „Vater der Götter",

---

21 Seit den Arbeiten von F. de Cenival, Enchoria 7, 1977, 10; Zauzich, GM 29, 1978, 157f.; Clarysse, Chr. d'Eg. 53, Nr. 106, 1978, 243–253.
22 Der noch unpublizierten Variante des Philensis II-Dekretes auf der Stele Kairo 27/11/58/4.
23 Vgl. G. Posener, Les criminels débaptisés et les morts sans noms, Rev. d'Eg. 5, 1946, 51–56; S. Schott, Symbol und Zauber als Grundform altäyptischen Denkens, Studium generale 6, 1953, 280 links. Für unseren Fall besonders vergleichbar finde ich den Namen des Fürsten von Joppe, *Pꜣ ḫrjj n Jjpw* – „Der Gefallene von Joppe" in der "Einnahme von Joppe". Gardiner, Late-Egyptian Stories, 82 ff.

geschrieben [sic]. In der gleichen Szene wird Hathor als die große Nut angerufen, „die die Götter gebar", entsprechend als wiedergegeben. Diese Schreibung ist auch für Philae einzigartig, findet aber sofort ihre Erklärung in der Tatsache, daß die betreffende Szene vom südlichen Ende des 1. Westkorridors stammt, und diese Szenen ganz der Theologie von Kom Ombo verhaftet sind.

Das letzte Beispiel der langen Serie soll der Einsicht dienen, daß der Zeitpunkt, zu dem ein neuer Lautwert auftaucht, zuweilen sehr wichtig sein kann, und daß ein solcher Lautwert unter Umständen mehr geistesgeschichtliches Gewicht haben kann, als man gemeinhin von einer „spielerischen" Schreibweise erwarten darf:

Als ich die Fußnote 1 auf Seite 63 von Philae II verfaßte, hatte ich leider nicht gewußt, daß Spiegelberg, ZÄS 57, 1922, 89 die Hieroglyphe bereits als „ꜣbw-Elephantine" gelesen hatte. Das gleiche Mißgeschick ist auch Frau Bresciani widerfahren – ich möchte sagen, zu unserem Glück –, denn sonst hätte sie sich in ihrem Buch „Assuan", 27–31 vielleicht nicht der Mühe unterzogen, so viele Belege dieser Ortsnamen-Schreibung zusammenzutragen. Zu ihrem Ergebnis, daß wir od. ä. ꜣbw – „Elephantine" zu lesen haben, möchte ich mich jetzt bekennen, obwohl ich den einen der von Frau Bresciani, Assuan, 150, Anm. 85, angeführten Belege (betr. Ortsepitheta) methodisch für falsch halte[24].

Einen anderen Beleg für die Lesung „ꜣbw – Elephantine" möchte ich glatt von Frau Bresciani (Assuan, 112) übernehmen. Dort spricht Isis in ihrem Tempel in Assuan zum König die Worte: „Ich gebe dir die Überschwemmung, die hervorkommt (aus) ." Und ich möchte dem noch als Variante aus Dendera die Stelle aus Dümichen, Hist. Inschr. II, 35b hinzufügen: „Der Nil

---

24 Falsch deshalb, weil die Triade von Elephantine innerhalb eines Tempelreliefs durchaus nicht „Herr(in) von Elephantine" bei jedem ihrer Mitglieder als Beiwort führen muß, wie dies für Philae II, 62 tatsächlich zutrifft. Man vergleiche nur bei Bresciani, Assuan, 44 (Chnum nb ḳbḥ, Satis nb.t ꜣbw, Anukis ḫntj.t tꜣ stj) oder Philae II, 171 (Chnum nb snm.t, Satis-Sothis nb.t ꜣbw, Anukis nb.t jꜣ.t wꜥb.t), um zu sehen, daß auch recht unterschiedliche Ortsepitheta bei dieser Triade innerhalb derselben Szene auftreten können.

des Südens ... er eilt aus den Quellöchern von Elephantine". In keinem der beiden Fälle wäre eine Übersetzung „Assuan" möglich[25].

Bei alledem fragt man sich natürlich, wie es zur Schreibung von „ꜣbw – Elephantine" mit dem Zeichen des Lotes gekommen ist. Frau Bresciani, Assuan, 27ff. hat natürlich auch bemerkt, daß diese Schreibung ganz plötzlich unter Ptolemaios III. auftaucht, und daß schon Champollion in einem Reisebrief aus Oberägypten vom 10. 2. 1829 (Hartleben, Lettres II, 239f.) und dann nochmals in den Notices descriptives I, 228 eine Beziehung zwischen dem Gerät des Lots und dem berühmten Phänomen der Selbstspiegelung der Sonne an ihrem Höchststand in einem Brunnen in Assuan gesehen hat.

Der geniale Champollion hat hier wohl richtig gesehen, nur scheint jener

---

25 Als den entscheidenden Beleg möchte ich aber die Titelreihe des Chnum in Philae I, 194, 10ff. bezeichnen. Der Beginn von Zeile 12 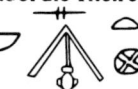 wurde nb shh gelesen und erst ein kontrollierender Blick auf Phot. 178 zeigte mir, daß Dr. Daum in Abb. 111 jene Hieroglyphe richtig gezeichnet hat, die dann aber im Hieroglyphensatz fälschlicherweise zu einem Türriegel ―⊢― wurde. In Wirklichkeit hätte das Zeichen „Gardiner W.8" gesetzt werden müssen. Und dieses Zeichen ist hier und an vielen anderen Stellen (z. B. Philae II, 63, 10 und 371, 12) nicht shh zu lesen sondern ꜣbw – „Elephantine". Denn es handelt sich um die alte Hieroglyphe des Granitgefäßes, das in der Spätzeit total deformiert wurde, wie Gardiner schon in der 1. Auflage seiner Egyptian Grammar beim Zeichen W.8 vermerkt hat.
Die Zwischenglieder auf dem Weg der graphischen Entwicklung dieser Hieroglyphe sind unabhängig voneinander von Valbelle (Satis et Anukis, 93 und 130 mit Bezug auf Labib Habachi, MDIK 19, 1963, 43 Fig. 20, das Grab Sarenputs II. auf der Qubbet el Hawa und die Stele Berlin 19500) und Bresciani (Assuan, 150 Anm. 85 unter Berufung auf Blackman, JEA 17, 1931, 58 Anm. 14 mit Schreibung des Mittleren Reiches [nicht „Regno Antico" wie bei Bresciani steht]) festgestellt worden. Nach diesem Zeichen „Gardiner W.8" folgt in Philae I, 194, 12 das Zeichen des Lotes 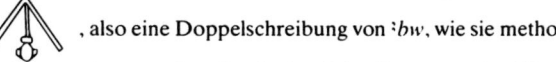, also eine Doppelschreibung von ꜣbw, wie sie methodisch keine Schwierigkeiten bereitet, auch wenn dies die einzige Schreibung von ꜣbw-Elephantine in dieser Art ist, die ich kenne. Eine gewisse Schwierigkeit kommt von ganz anderer Seite, denn innerhalb dieser Titulatur des Gottes Chnum, die sich fünf Zeilen lang Philae I, 194, 10–14 erstreckt, erscheint nach unserer Lesung nun sogar *zweimal* das Epitheton *nb ꜣbw* – „Herr von Elephantine", nämlich in Zeile 10 und 12. So etwas ist sehr unüblich und hat mich lange zögern lassen, auch in Zeile 12 der Lesung ꜣbw den Vorzug zu geben. Die Lösung aus dieser Schwierigkeit ergibt sich für mich aus einem Vergleich mit Philae I, 256, 7–9. Dort findet sich ebenfalls eine Titelreihe des Chnum, die in Aufbau und Schreibung sehr gut mit Anfang und Ende derjenigen von Seite 194 zu vergleichen ist. Lediglich der Mittelteil der Titelreihe von Seite 194 scheint mir ein Einschub aus anderer Quelle zu sein, denn er fehlt in der Version von Seite 256. Gerade aber in diesem Mittelteil tritt die abermalige Nennung von *nb ꜣbw* auf. Diese so unübliche Wiederholung muß ich also dem Einschub des Redakteurs anlasten, vielleicht gefördert durch die sehr andere Schreibweise der beiden *nb ꜣbw*.

Brunnen nicht in Assuan, sondern auf Elephantine gelegen zu haben. Außerdem dachte Champollion, daß die Beziehung zwischen dem Lot und seiner Verwendung bei astronomischen Berechnungen in besagtem Brunnen weit in altägyptische Zeit zurückzuführen sei, während uns das Auftreten der neuen Schreibung unter Ptolemaios III. Anlaß ist, die berühmte Erdmessung, wie heute allgemein angenommen, erst dem Eratosthenes zuzuschreiben, der seine Messung, gemäß dem Auftreten der neuen Schreibung für Elephantine, noch unter Ptolemaios III. durchgeführt haben muß.

Frau Bresciani (Assuan, p. 29) sieht die Lösung der Schreibung für „Elephantine" in dem Gleichklang von ꜣbw – „Elephantine" und jb, dem herzförmigen Lotgewicht jenes Gerätes, das auch als „Setzwaage" bezeichnet wird. Tatsächlich zeigt das Lotgewicht in der Hieroglyphe jene für das Herz charakteristischen seitlichen Ansätze[26], während die museal erhaltenen steinernen Lote eher tropfenförmig sind und diese Ansätze absolut nicht erkennen lassen[27].

Es war immer das Ideal der Schriftkundigen in der Spätzeit, bei der Neuschaffung eines hieroglyphischen Lautwertes oder einer neuen Hieroglyphe neben der inhaltlichen Begründung sich auch eine phonetische Brücke zu der betreffenden Hieroglyphe zu bauen. Dies wäre durch die Herzform des Lotes erfolgt.

Daneben gibt es aber, ebenfalls seit Ptolemaios III., die Schreibung für ꜣbw – „Elephantine" (Bresciani, Assuan, 27, Nr. 3), wobei wir in dem die einfachste Form des Winkelmaßes zu sehen haben[28]. Bei dieser Schreibweise fehlt der phonetische Bezug durch das Lot, und wir werden zur Erklärung einzig auf Eratosthenes verwiesen.

Der Wunsch der Ägypter unter Ptolemaios III., die Messung des Eratosthenes in der Schreibung des Toponyms „Elephantine" zu verewigen, geschah durch Übertragung des Lautwertes ꜣbw auf zwei miteinander verwandte Instrumente, die für den Ägypter die Beobachtung des Eratosthenes symboli-

---

26 Vgl. Philae I, Abb. 111 in den Titeln des Chnum; Philae II, 332 in den Titeln der Sothis.
27 Petrie, Tools und Weapons, pl. 48. Der Übergang vom tropfenförmigen zum herzförmigen Gewicht in der Hieroglyphe der Setzwaage ist für den Ägypter schon deshalb kein Problem gewesen, weil er das herzförmige Gewicht bereits in älteren Szenen der Seelenwägung dargestellt hat (z.B. Seeber, Totengericht, MÄS 35, Abb. 22 aus der 22. Dyn.).
28 Zur Verwandtschaft beider Formen siehe Edel, MÄS 25, 22; Graefe, Untersuchungen zur Wortfamilie bjꜣ, 32 f.; ferner die Mitgabe beider Formen als Amulette an die Toten als Symbole des rechten Maßes (vgl. Petrie, Amulets, 16 die Nummern 36 „square" und 37 „plummet"; Reisner, Amulets I, pl. IV).

sieren konnten. Dabei ist es nicht ausschlaggebend, ob diese beiden Geräte, Winkelmaß und Setzwaage, bei der Messung tatsächlich selbst Verwendung gefunden haben[29]. Der Ägypter hat es nach Möglichkeit immer vorgezogen, an geläufige Formen anzuknüpfen. Winkelmaß und Setzwaage konnten ihm das Phänomen des senkrechten Sonnenstandes am besten zum Ausdruck bringen. Das Phänomen selbst ist sicher schon vorher in Ägypten bekannt gewesen. Hätte man ihm wesentliche Bedeutung zugemessen, so wären die beiden neuen hieroglyphischen Schreibungen für Elephantine schon früher erfunden worden. Daß sie gerade in jener Generation auftauchen, in der Eratosthenes seine Beobachtungen in Elephantine durchgeführt hat, macht es schon mehr als wahrscheinlich, daß zwischen dem Besuch des Eratosthenes und der Innovation von zwei neuen Schreibungen für Elephantine ein Zusammenhang besteht. Daraus ergibt sich aber, daß man schon zeitgenössisch in der Messung des Chefbibliothekars aus Alexandria ein epochales Ereignis gesehen hat. Gerade diese Information haben uns die literarischen Quellen bisher vorenthalten.

Meine sehr geehrten Damen und Herren, über die Notwendigkeit der Erstellung einer Hieroglyphenliste mit den Lautwerten der ägyptischen Spätzeit braucht hier nicht gesprochen zu werden[30]. Im Zusammenhang mit einem von Herrn Hornung auf der Burg Reichenstein bei Basel im Juli 1974 organisierten Symposion[31] beschlossen Serge Sauneron und ich, unsere vorläufigen Sammlungen in einen Topf zu werfen, um daraus ein erstes Arbeitsinstrument zu formen. Saunerons allzu früher Tod schien das Unternehmen zum Scheitern zu verurteilen. In dieser Lage sprang François Daumas in die Bresche und begann in seinem Institut in Montpellier seinerseits eine Zeichenliste aufzubauen. Nach Fertigstellung eines ersten Entwurfs im Jahr 1981 lud er eine Anzahl interessierter Ägyptologen ein, sich an diesem Werk zu beteiligen. Aus diesem Bemühen von vielen Seiten her ist eine Liste im Entstehen begriffen, die rund tausend Druckseiten umfassen wird, und von der in zwei Lieferungen[32] etwa ein Fünftel gedruckt vorliegt. Die redaktionelle Bearbeitung liegt auch heute,

---

29 Nach freundlicher Mitteilung von Wolfgang Hübner wurde laut Kleomedes I, Kap. 10 (= ed. Ziegler, Leipzig 1891, 98–100) kein Lot verwendet, die Rede ist von einer Skaphos-Hohlkugel und einem Gnomon-Zeiger.
30 Zur Methodik der Herleitung später Sonderformen der Hieroglyphen erschien kürzlich ein erster wesentlicher Versuch von Dieter Kurth, Die Lautwerte der Hieroglyphen in den Tempelinschriften der griechisch-römischen Zeit – Zur Systematik ihrer Herleitungsprinzipien, ASAE 69, 1983, 287–309.
31 Vgl. GM 14, 1974 und bes. p. 9ff.
32 Valeurs phonétiques des signes hiéroglyphiques d'époque gréco-romaine, Montpellier 1986.

nach dem Tod von François Daumas, in den Händen seiner zahlreichen Mitarbeiter in Montpellier, und ich bin sicher, daß wir hier ein wesentliches Arbeitsinstrument erwarten dürfen.

Aber schon vor mehr als zwanzig Jahren hat mich Philippe Derchain in freundschaftlichem Gespräch gewarnt, daß eine einfache Liste mit Aufzählung möglicher Lautwerte die Gefahr in sich birgt, daß Ägyptologen und Studenten, die mit dem späten Schriftsystem nicht sehr vertraut sind, zu Lesungen verleitet werden, die der Feinstruktur des späten Schriftsystems nicht Rechnung tragen. Daher war es auch das Anliegen dieses Vortrages zu zeigen, daß für den Ägypter die Zeichenwahl *bedingt* und *beschränkt* sein konnte durch 1) das Thema der Szene, 2) das religiöse System des betreffenden Tempels (Krokodil als *nṯr*), 3) den Zeitpunkt eines außerhalb der betreffenden Inschrift liegenden Ereignisses (ꜣbw – „Elephantine" oder das Auftreten der Quadriga als Hieroglyphe) usw. mit einem Wort, die Konnotation ist entscheidend. Dies alles an Informationen von einer ersten halbwegs vollständigen Hieroglyphenliste der Spätzeit verlangen zu wollen, ist eine Überforderung. Unter solchen Bedingungen würde diese Schriftliste als Aufgabe der nächsten Generation zugeschoben werden. Die Liste aus Montpellier wird daher für jeden Lautwert eines Zeichens nur einen, möglichst wesentlichen, Beleg liefern, der nicht ohne weiteres auf jeden anderen Text anwendbar ist. Ich bin überzeugt, daß wir trotzdem alle von dieser Liste eine wertvolle Hilfe erfahren werden, auch wenn die „Feinstruktur" einer zweiten Auflage vorbehalten bleiben muß[33].

---

33 Frau Derchain-Urtel hat vollkommen recht, wenn sie in der Diskussion betonte, daß es im Tempel von Esna eine Fülle von Beispielen gibt, in denen die hier aufgezeigten Phänomene ebenfalls und vielleicht noch intensiver in Erscheinung treten. Etwa in Chnum-Hymnen, in denen die einleitende Schreibung des Gottesnamens in einer programmatischen Form erfolgt, d. h. der nachfolgende Inhalt in der besonderen Schreibweise des Gottesnamen vorweggenommen ist. Ich möchte ihr darin uneingeschränkt zustimmen, nur war es in diesem Beitrag meine Absicht, sensibel zu machen für sinntragende Schreibweisen in Texten, die wir sonst als ganz normal geschrieben empfinden.